Wittgenstein | Logisch-Philosophische Abhandlung

Ludwig Wittgenstein

Logisch-Philosophische Abhandlung

Tractatus Logico-Philosophicus

Leseausgabe

Herausgegeben von Wolfgang Kienzler

Reclam

RECLAMS UNIVERSAL-BIBLIOTHEK Nr. 14245
2022 Philipp Reclam jun. Verlag GmbH,
Siemensstraße 32, 71254 Ditzingen
info@reclam.de
Gestaltung: Cornelia Feyll, Friedrich Forssman
Druck und Bindung: Esser printSolutions GmbH,
Untere Sonnenstraße 5, 84030 Ergolding
Printed in Germany 2025
RECLAM, UNIVERSAL-BIBLIOTHEK und
RECLAMS UNIVERSAL-BIBLIOTHEK sind eingetragene Marken
der Philipp Reclam jun. GmbH & Co. KG, Stuttgart
ISBN 978-3-15-014245-5
reclam.de

Logisch-Philosophische Abhandlung

von

Ludwig Wittgenstein

Dem Andenken meines Freundes
David H. Pinsent
gewidmet

Motto: … und alles, was man weiß, nicht
bloß rauschen und brausen gehört
hat, läßt sich in drei Worten sagen.

Kürnberger

Vorwort

Dieses Buch wird vielleicht nur der verstehen, der die Gedanken, die darin ausgedrückt sind – oder doch ähnliche Gedanken – schon selbst einmal gedacht hat. – Es ist also kein Lehrbuch. – Sein Zweck wäre erreicht, wenn es Einem, der es mit Verständnis liest, Vergnügen bereitete.

Das Buch behandelt die philosophischen Probleme und zeigt – wie ich glaube – daß die Fragestellung dieser Probleme auf dem Mißverständnis der Logik unserer Sprache beruht. Man könnte den ganzen Sinn des Buches etwa in die Worte fassen: Was sich überhaupt sagen läßt, läßt sich klar sagen; und wovon man nicht reden kann, darüber muß man schweigen.

Das Buch will also dem Denken eine Grenze ziehen, oder vielmehr – nicht dem Denken, sondern dem Ausdruck der Gedanken: Denn, um dem Denken eine Grenze zu ziehen, müßten wir beide Seiten dieser Grenze denken können (wir müßten also denken können, was sich nicht denken läßt).

Die Grenze wird also nur in der Sprache gezogen werden können und was jenseits der Grenze liegt, wird einfach Unsinn sein.

Wieweit meine Bestrebungen mit denen anderer Philosophen zusammenfallen, will ich nicht beurteilen. Ja, was ich hier geschrieben habe, macht im Einzelnen überhaupt nicht den Anspruch auf Neuheit; und darum gebe ich auch keine Quellen an, weil es mir gleichgültig ist, ob das was ich gedacht habe, vor mir schon ein Anderer gedacht hat.

Nur das will ich erwähnen, daß ich den großartigen Werken Freges und den Arbeiten meines Freundes Herrn Bertrand Russell einen großen Anteil der Anregung zu meinen Gedanken schulde.

Wenn diese Arbeit einen Wert hat, so besteht er in Zweierlei. Erstens darin, daß in ihr Gedanken ausgedrückt sind, und dieser Wert wird umso größer sein, je besser die Gedanken ausgedrückt sind. Je mehr der Nagel auf den Kopf getroffen ist. – Hier bin ich mir bewußt, weit hinter dem Möglichen zurückgeblieben zu sein. Einfach darum, weil meine Kraft zur Bewältigung der Aufgabe zu gering ist. – Mögen Andere kommen und es besser machen.

Dagegen scheint mir die *Wahrheit* der hier mitgeteilten Gedanken unantastbar und definitiv. Ich bin also der Meinung, die Probleme im Wesentlichen endgültig gelöst zu haben. Und wenn ich mich hierin nicht irre, so besteht nun der Wert dieser Arbeit zweitens darin, daß sie zeigt, wie wenig damit getan ist, daß diese Probleme gelöst sind.

L. W.

Wien, 1918

1* Die Welt ist alles, was der Fall ist.

1.1 Die Welt ist die Gesamtheit der Tatsachen, nicht der Dinge.

1.11 Die Welt ist durch die Tatsachen bestimmt und dadurch, daß es *alle* Tatsachen sind.

1.12 Denn, die Gesamtheit der Tatsachen bestimmt, was der Fall ist und auch, was alles nicht der Fall ist.

1.13 Die Tatsachen im logischen Raum sind die Welt.

1.2 Die Welt zerfällt in Tatsachen.

1.21 Eines kann der Fall sein oder nicht der Fall sein und alles übrige gleich bleiben.

2 Was der Fall ist, die Tatsache, ist das Bestehen von Sachverhalten.

2.01 Der Sachverhalt ist eine Verbindung von Gegenständen (Sachen, Dingen).

2.011 Es ist dem Ding wesentlich, der Bestandteil eines Sachverhaltes sein zu können.

2.012 In der Logik ist nichts zufällig: Wenn das Ding im Sachverhalt vorkommen *kann*, so muß die Möglichkeit des Sachverhaltes im Ding bereits präjudiziert sein.

2.0121 Es erschiene gleichsam als Zufall, wenn dem Ding, das allein für sich bestehen könnte, nachträglich eine Sachlage passen würde.

* Die Dezimalzahlen als Nummern der einzelnen Sätze deuten das logische Gewicht der Sätze an, den Nachdruck, der auf ihnen in meiner Darstellung liegt. Die Sätze n.1, n.2, n.3, etc. sind Bemerkungen zum Satze Nr. n; die Sätze n.m1, n.m2, etc. Bemerkungen zum Satze Nr. n.m; und so weiter.

Wenn die Dinge in Sachverhalten vorkommen können, so muß dies schon in ihnen liegen.

(Etwas Logisches kann nicht nur-möglich sein. Die Logik handelt von jeder Möglichkeit und alle Möglichkeiten sind ihre Tatsachen.)

Wie wir uns räumliche Gegenstände überhaupt nicht außerhalb des Raumes, zeitliche nicht außerhalb der Zeit denken können, so können wir uns *keinen* Gegenstand außerhalb der Möglichkeit seiner Verbindung mit anderen denken.

Wenn ich mir den Gegenstand im Verbande des Sachverhaltes denken kann, so kann ich ihn nicht außerhalb der *Möglichkeit* dieses Verbandes denken.

2.0122 Das Ding ist selbständig, insofern es in allen *möglichen* Sachlagen vorkommen kann, aber diese Form der Selbständigkeit ist eine Form des Zusammenhangs mit dem Sachverhalt, eine Form der Unselbständigkeit.

(Es ist unmöglich, daß Worte in zwei verschiedenen Weisen auftreten, allein und im Satz.)

2.0123 Wenn ich den Gegenstand kenne, so kenne ich auch sämtliche Möglichkeiten seines Vorkommens in Sachverhalten.

(Jede solche Möglichkeit muß in der Natur des Gegenstandes liegen.)

Es kann nicht nachträglich eine neue Möglichkeit gefunden werden.

2.01231 Um einen Gegenstand zu kennen, muß ich zwar nicht seine externen, aber ich muß alle seine internen Eigenschaften kennen.

2.0124 Sind alle Gegenstände gegeben, so sind damit auch alle *möglichen* Sachverhalte gegeben.

2.013 Jedes Ding ist, gleichsam, in einem Raume möglicher Sachverhalte. Diesen Raum kann ich mir leer denken, nicht aber das Ding ohne den Raum.

2.0131 Der räumliche Gegenstand muß im unendlichen Raume liegen.

(Der Raumpunkt ist eine Argumentstelle.)

Der Fleck im Gesichtsfeld muß zwar nicht rot sein, aber *eine* Farbe muß er haben; er hat sozusagen den Farbenraum um sich. Der Ton muß *eine* Höhe haben, der Gegenstand des Tastsinnes *eine* Härte, u. s. w. .

2.014 Die Gegenstände enthalten die Möglichkeit aller Sachlagen.

2.0141 Die Möglichkeit seines Vorkommens in Sachverhalten ist die Form des Gegenstandes.

2.02 Der Gegenstand ist einfach.

2.0201 Jede Aussage über Komplexe läßt sich in eine Aussage über deren Bestandteile und in diejenigen Sätze zerlegen, welche die Komplexe vollständig beschreiben.

2.021 Die Gegenstände bilden die Substanz der Welt. Darum können sie nicht zusammengesetzt sein.

2.0211 Hätte die Welt keine Substanz, so würde, ob ein Satz Sinn hat, davon abhängen, ob ein anderer Satz wahr ist.

2.0212 Es wäre dann unmöglich, ein Bild der Welt (wahr oder falsch) zu entwerfen.

2.022 Es ist offenbar, daß auch eine von der wirklichen noch so verschieden gedachte Welt Etwas – eine Form – mit der wirklichen gemein haben muß.

2.023 Diese feste Form besteht eben aus den Gegenständen.

2.0231 Die Substanz der Welt *kann* nur eine Form und keine materiellen Eigenschaften bestimmen. Denn diese werden erst durch die Sätze dargestellt – erst durch die Konfiguration der Gegenstände gebildet.

2.0232 Beiläufig gesprochen: Die Gegenstände sind farblos.

2.0233 Zwei Gegenstände von der gleichen logischen Form sind – abgesehen von ihren externen Eigenschaften – von einander nur dadurch unterschieden, daß sie verschieden sind.

2.02331 Entweder ein Ding hat Eigenschaften, die kein anderes hat, dann kann man es ohne weiteres durch eine Beschreibung aus den anderen herausheben, und darauf hinweisen; oder aber, es gibt mehrere Dinge, die ihre sämtlichen Eigenschaften gemeinsam haben, dann ist es überhaupt unmöglich auf eines von ihnen zu zeigen.

Denn, ist das Ding durch nichts hervorgehoben, so kann ich es nicht hervorheben, denn sonst ist es eben hervorgehoben.

2.024 Die Substanz ist das, was unabhängig von dem was der Fall ist, besteht.

2.025 Sie ist Form und Inhalt.

2.0251 Raum, Zeit und Farbe (Färbigkeit) sind Formen der Gegenstände.

2.026 Nur wenn es Gegenstände gibt, kann es eine feste Form der Welt geben.

2.027 Das Feste, das Bestehende und der Gegenstand sind Eins.

2.0271 Der Gegenstand ist das Feste, Bestehende; die Konfiguration ist das Wechselnde, Unbeständige.

2.0272 Die Konfiguration der Gegenstände bildet den Sachverhalt.

2.03 Im Sachverhalt hängen die Gegenstände in einander, wie die Glieder einer Kette.

2.031 Im Sachverhalt verhalten sich die Gegenstände in bestimmter Art und Weise zu einander.

2.032 Die Art und Weise, wie die Gegenstände im Sachverhalt zusammenhängen, ist die Struktur des Sachverhaltes.

2.033 Die Form ist die Möglichkeit der Struktur.

2.034 Die Struktur der Tatsache besteht aus den Strukturen der Sachverhalte.

2.04 Die Gesamtheit der bestehenden Sachverhalte ist die Welt.

2.05 Die Gesamtheit der bestehenden Sachverhalte bestimmt auch, welche Sachverhalte nicht bestehen.

2.06 Das Bestehen und Nichtbestehen von Sachverhalten ist die Wirklichkeit.

(Das Bestehen von Sachverhalten nennen wir auch eine positive, das Nichtbestehen eine negative Tatsache.)

2.061 Die Sachverhalte sind von einander unabhängig.

2.062 Aus dem Bestehen oder Nichtbestehen eines Sachverhaltes kann nicht auf das Bestehen oder Nichtbestehen eines anderen geschlossen werden.

2.063 Die gesamte Wirklichkeit ist die Welt.

2.1 Wir machen uns Bilder der Tatsachen.

2.11 Das Bild stellt die Sachlage im logischen Raume, das Bestehen und Nichtbestehen von Sachverhalten, vor.

2.12 Das Bild ist ein Modell der Wirklichkeit.

2.13 Den Gegenständen entsprechen im Bilde die Elemente des Bildes.

2.131 Die Elemente des Bildes vertreten im Bild die Gegenstände.

2.14 Das Bild besteht darin, daß sich seine Elemente in bestimmter Art und Weise zu einander verhalten.

2.141 Das Bild ist eine Tatsache.

2.15 Daß sich die Elemente des Bildes in bestimmter Art und Weise zu einander verhalten, stellt vor, daß sich die Sachen so zu einander verhalten.

Dieser Zusammenhang der Elemente des Bildes heißt seine Struktur und ihre Möglichkeit seine Form der Abbildung.

2.151 Die Form der Abbildung ist die Möglichkeit, daß sich die Dinge so zu einander verhalten, wie die Elemente des Bildes.

2.1511 Das Bild ist *so* mit der Wirklichkeit verknüpft; es reicht bis zu ihr.

2.1512 Es ist wie ein Maßstab an die Wirklichkeit angelegt.

2.15121 Nur die äußersten Punkte der Teilstriche *berühren* den zu messenden Gegenstand.

2.1513 Nach dieser Auffassung gehört also zum Bilde auch noch die abbildende Beziehung, die es zum Bild macht.

2.1514 Die abbildende Beziehung besteht aus den Zuordnungen der Elemente des Bildes und der Sachen.

2.1515 Diese Zuordnungen sind gleichsam die Fühler der Bildelemente, mit denen das Bild die Wirklichkeit berührt.

2.16 Die Tatsache muß um Bild zu sein, etwas mit dem Abgebildeten gemeinsam haben.

2.161 In Bild und Abgebildetem muß etwas identisch sein, damit das eine überhaupt ein Bild des anderen sein kann.

2.17 Was das Bild mit der Wirklichkeit gemein haben muß, um sie auf seine Art und Weise – richtig oder falsch – abbilden zu können, ist seine Form der Abbildung.

2.171 Das Bild kann jede Wirklichkeit abbilden, deren Form es hat. Das räumliche Bild alles Räumliche, das farbige alles Farbige, etc..

2.172 Seine Form der Abbildung aber kann das Bild nicht abbilden; es weist sie auf.

2.173 Das Bild stellt sein Objekt von außerhalb dar (sein Standpunkt ist seine Form der Darstellung), darum stellt das Bild sein Objekt richtig oder falsch dar.

2.174 Das Bild kann sich aber nicht außerhalb seiner Form der Darstellung stellen.

2.18 Was jedes Bild, welcher Form immer, mit der Wirklichkeit gemein haben muß, um sie überhaupt – richtig oder falsch – abbilden zu können, ist die logische Form, das ist die Form der Wirklichkeit.

2.181 Ist die Form der Abbildung die logische Form, so heißt das Bild das logische Bild.

2.182 Jedes Bild ist *auch* ein logisches. (Dagegen ist z. B. nicht jedes Bild ein räumliches.)

2.19 Das logische Bild kann die Welt abbilden.

2.2 Das Bild hat mit dem Abgebildeten die logische Form der Abbildung gemein.

2.201 Das Bild bildet die Wirklichkeit ab, indem es eine

Möglichkeit des Bestehens und Nichtbestehens von Sachverhalten darstellt.

2.202 Das Bild stellt eine mögliche Sachlage im logischen Raume dar.

2.203 Das Bild enthält die Möglichkeit der Sachlage, die es darstellt.

2.21 Das Bild stimmt mit der Wirklichkeit überein oder nicht überein; es ist richtig oder unrichtig, wahr oder falsch.

2.22 Das Bild stellt dar, was es darstellt, unabhängig von seiner Wahr- oder Falschheit, durch die Form der Abbildung.

2.221 Was das Bild darstellt, ist sein Sinn.

2.222 In der Übereinstimmung oder Nichtübereinstimmung seines Sinnes mit der Wirklichkeit besteht seine Wahrheit oder Falschheit.

2.223 Um zu erkennen, ob das Bild wahr oder falsch ist, müssen wir es mit der Wirklichkeit vergleichen.

2.224 Aus dem Bild allein ist nicht zu erkennen, ob es wahr oder falsch ist.

2.225 Ein a priori wahres Bild gibt es nicht.

3 Das logische Bild der Tatsachen ist der Gedanke.

3.001 »Ein Sachverhalt ist denkbar« heißt: Wir können uns ein Bild von ihm machen.

3.01 Die Gesamtheit der wahren Gedanken ist ein Bild der Welt.

3.02 Der Gedanke enthält die Möglichkeit der Sachlage, die er denkt. Was denkbar ist, ist auch möglich.

3.03 Wir können nichts Unlogisches denken, weil wir sonst unlogisch denken müßten.

3.031 Man sagte einmal, daß Gott alles schaffen könne,

nur nichts, was den logischen Gesetzen zuwider wäre. – Wir könnten nämlich von einer »unlogischen« Welt nicht *sagen*, wie sie aussähe.

3.032 Etwas »der Logik Widersprechendes« in der Sprache darstellen, kann man ebensowenig, wie in der Geometrie eine den Gesetzen des Raumes widersprechende Figur durch ihre Koordinaten darstellen; oder die Koordinaten eines Punktes angeben, welcher nicht existiert.

3.0321 Wohl können wir einen Sachverhalt räumlich darstellen, welcher den Gesetzen der Physik, aber keinen, der den Gesetzen der Geometrie zuwiderliefe.

3.04 Ein a priori richtiger Gedanke wäre ein solcher, dessen Möglichkeit seine Wahrheit bedingte.

3.05 Nur so könnten wir a priori wissen, daß ein Gedanke wahr ist, wenn aus dem Gedanken selbst (ohne Vergleichsobjekt) seine Wahrheit zu erkennen wäre.

3.1 Im Satz drückt sich der Gedanke sinnlich wahrnehmbar aus.

3.11 Wir benützen das sinnlich wahrnehmbare Zeichen (Laut- oder Schriftzeichen, etc.) des Satzes als Projektion der möglichen Sachlage.

Die Projektionsmethode ist das Denken des Satz-Sinnes.

3.12 Das Zeichen, durch welches wir den Gedanken ausdrücken, nenne ich das Satzzeichen. Und der Satz ist das Satzzeichen in seiner projektiven Beziehung zur Welt.

3.13 Zum Satz gehört alles, was zur Projektion gehört; aber nicht das Projizierte.

Also die Möglichkeit des Projizierten; aber nicht dieses selbst.

Im Satz ist also sein Sinn noch nicht enthalten, wohl aber die Möglichkeit ihn auszudrücken.

(»Der Inhalt des Satzes« heißt der Inhalt des sinnvollen Satzes.)

Im Satz ist die Form seines Sinnes enthalten, aber nicht dessen Inhalt.

3.14 Das Satzzeichen besteht darin, daß sich seine Elemente, die Wörter, in ihm auf bestimmte Art und Weise zu einander verhalten.

Das Satzzeichen ist eine Tatsache.

3.141 Der Satz ist kein Wörtergemisch. – (Wie das musikalische Thema kein Gemisch von Tönen.)

Der Satz ist artikuliert.

3.142 Nur Tatsachen können einen Sinn ausdrücken, eine Klasse von Namen kann es nicht.

3.143 Daß das Satzzeichen eine Tatsache ist, wird durch die gewöhnliche Ausdrucksform der Schrift oder des Druckes verschleiert.

Denn im gedruckten Satz z.B. sieht das Satzzeichen nicht wesentlich verschieden aus vom Wort.

(So war es möglich, daß Frege den Satz einen zusammengesetzten Namen nannte.)

3.1431 Sehr klar wird das Wesen des Satzzeichens, wenn wir es uns, statt aus Schriftzeichen, aus räumlichen Gegenständen (etwa Tischen, Stühlen, Büchern) zusammengesetzt denken.

Die gegenseitige räumliche Lage dieser Dinge drückt dann den Sinn des Satzes aus.

3.1432 Nicht: »das komplexe Zeichen ›aRb‹ sagt, daß a in der

Beziehung R zu b steht«, sondern: *daß* »a« in einer gewissen Beziehung zu »b« steht, sagt, *daß* aRb.

3.144 Sachlagen kann man beschreiben, nicht *benennen.*

(Namen gleichen Punkten, Sätze Pfeilen – sie haben Sinn.)

3.2 Im Satze kann der Gedanke so ausgedrückt sein, daß den Gegenständen des Gedankens Elemente des Satzzeichens entsprechen.

3.201 Diese Elemente nenne ich »einfache Zeichen« und den Satz »vollständig analysiert«.

3.202 Die im Satze angewandten einfachen Zeichen heißen Namen.

3.203 Der Name bedeutet den Gegenstand. Der Gegenstand ist seine Bedeutung.

(»A« ist dasselbe Zeichen wie »A«.)

3.21 Der Konfiguration der einfachen Zeichen im Satzzeichen entspricht die Konfiguration der Gegenstände in der Sachlage.

3.22 Der Name vertritt im Satz den Gegenstand.

3.221 Die Gegenstände kann ich nur *nennen.* Zeichen vertreten sie.

Ich kann nur *von* ihnen sprechen, *sie aussprechen* kann ich nicht.

Ein Satz kann nur sagen, *wie* ein Ding ist, nicht *was* es ist.

3.23 Die Forderung der Möglichkeit der einfachen Zeichen ist die Forderung der Bestimmtheit des Sinnes.

3.24 Der Satz, welcher vom Komplex handelt, steht in interner Beziehung zum Satze, der von dessen Bestandteil handelt.

Der Komplex kann nur durch seine Beschreibung

gegeben sein, und diese wird stimmen oder nicht stimmen. Der Satz, in welchem von einem Komplex die Rede ist, wird, wenn dieser nicht existiert, nicht unsinnig, sondern einfach falsch sein.

Daß ein Satzelement einen Komplex bezeichnet, kann man aus einer Unbestimmtheit in den Sätzen sehen, worin es vorkommt. Wir *wissen*, durch diesen Satz ist noch nicht alles bestimmt. (Die Allgemeinheitsbezeichnung *enthält* ja ein Urbild.)

Die Zusammenfassung des Symbols eines Komplexes in ein einfaches Symbol kann durch eine Definition ausgedrückt werden.

3.25 Es gibt eine und nur eine vollständige Analyse des Satzes.

3.251 Der Satz drückt auf bestimmte, klar angebbare Weise aus, was er ausdrückt: Der Satz ist artikuliert.

3.26 Der Name ist durch keine Definition weiter zu zergliedern; er ist ein Urzeichen.

3.261 Jedes definierte Zeichen bezeichnet *über* jene Zeichen, durch welche es definiert wurde; und die Definitionen weisen den Weg. Zwei Zeichen, ein Urzeichen, und ein durch Urzeichen definiertes, können nicht auf dieselbe Art und Weise bezeichnen. Namen *kann* man nicht durch Definitionen auseinanderlegen. (Kein Zeichen, welches allein, selbständig, eine Bedeutung hat.)

3.262 Was in den Zeichen nicht zum Ausdruck kommt, das zeigt ihre Anwendung. Was die Zeichen verschlucken, das spricht ihre Anwendung aus.

3.263 Die Bedeutungen von Urzeichen können durch Erläuterungen erklärt werden. Erläuterungen sind

Sätze, welche die Urzeichen enthalten. Sie können also nur verstanden werden, wenn die Bedeutungen dieser Zeichen bereits bekannt sind.

3.3 Nur der Satz hat Sinn; nur im Zusammenhange des Satzes hat ein Name Bedeutung.

3.31 Jeden Teil des Satzes, der seinen Sinn charakterisiert, nenne ich einen Ausdruck (ein Symbol).

(Der Satz selbst ist ein Ausdruck.)

Ausdruck ist alles, für den Sinn des Satzes Wesentliche, was Sätze mit einander gemein haben können.

Der Ausdruck kennzeichnet eine Form und einen Inhalt.

3.311 Der Ausdruck setzt die Formen aller Sätze voraus, in welchen er vorkommen kann.

Er ist das gemeinsame charakteristische Merkmal einer Klasse von Sätzen.

3.312 Er wird also dargestellt durch die allgemeine Form der Sätze, die er charakterisiert.

Und zwar wird in dieser Form der Ausdruck *konstant* und alles übrige *variabel* sein.

3.313 Der Ausdruck wird also durch eine Variable dargestellt, deren Werte die Sätze sind, die den Ausdruck enthalten.

(Im Grenzfall wird die Variable zur Konstanten, der Ausdruck zum Satz.)

Ich nenne eine solche Variable »Satzvariable«.

3.314 Der Ausdruck hat nur im Satz Bedeutung. Jede Variable läßt sich als Satzvariable auffassen.

(Auch der variable Name.)

3.315 Verwandeln wir einen Bestandteil eines Satzes in eine Variable, so gibt es eine Klasse von Sätzen, welche sämtlich Werte des so entstandenen variablen Satzes sind. Diese Klasse hängt im allgemeinen noch davon ab, was wir, nach willkürlicher Übereinkunft, mit Teilen jenes Satzes meinen. Verwandeln wir aber alle jene Zeichen, deren Bedeutung willkürlich bestimmt wurde, in Variable, so gibt es nun noch immer eine solche Klasse. Diese aber ist nun von keiner Übereinkunft mehr abhängig, sondern nur noch von der Natur des Satzes. Sie entspricht einer logischen Form – einem logischen Urbild.

3.316 Welche Werte die Satzvariable annehmen darf, wird festgesetzt.

Die Festsetzung der Werte *ist* die Variable.

3.317 Die Festsetzung der Werte der Satzvariablen ist die *Angabe der Sätze*, deren gemeinsames Merkmal die Variable ist.

Die Festsetzung ist eine Beschreibung dieser Sätze.

Die Festsetzung wird also nur von Symbolen, nicht von deren Bedeutung handeln.

Und *nur* dies ist der Festsetzung wesentlich, *daß sie nur eine Beschreibung von Symbolen ist und nichts über das Bezeichnete aussagt.*

Wie die Beschreibung der Sätze geschieht, ist unwesentlich.

3.318 Den Satz fasse ich – wie Frege und Russell – als Funktion der in ihm enthaltenen Ausdrücke auf.

3.32 Das Zeichen ist das sinnlich Wahrnehmbare am Symbol.

3.321 Zwei verschiedene Symbole können also das Zeichen (Schriftzeichen oder Lautzeichen, etc.) mit einander gemein haben – sie bezeichnen dann auf verschiedene Art und Weise.

3.322 Es kann nie das gemeinsame Merkmal zweier Gegenstände anzeigen, daß wir sie mit demselben Zeichen, aber durch zwei verschiedene *Bezeichnungsweisen* bezeichnen. Denn das Zeichen ist ja willkürlich. Man könnte also auch zwei verschiedene Zeichen wählen, und wo bliebe dann das Gemeinsame in der Bezeichnung.

3.323 In der Umgangssprache kommt es ungemein häufig vor, daß dasselbe Wort auf verschiedene Art und Weise bezeichnet – also verschiedenen Symbolen angehört –, oder, daß zwei Wörter, die auf verschiedene Art und Weise bezeichnen, äußerlich in der gleichen Weise im Satze angewandt werden.

So erscheint das Wort »ist« als Kopula, als Gleichheitszeichen und als Ausdruck der Existenz; »existieren« als intransitives Zeitwort wie »gehen«; »identisch« als Eigenschaftswort; wir reden von *Etwas*, aber auch davon, daß *etwas* geschieht.

(Im Satze »Grün ist grün« – wo das erste Wort ein Personenname, das letzte ein Eigenschaftswort ist – haben diese Worte nicht einfach verschiedene Bedeutung, sondern es sind *verschiedene Symbole*.)

3.324 So entstehen leicht die fundamentalsten Verwechslungen (deren die ganze Philosophie voll ist).

3.325 Um diesen Irrtümern zu entgehen, müssen wir eine Zeichensprache verwenden, welche sie ausschließt, indem sie nicht das gleiche Zeichen in verschiedenen Symbolen, und Zeichen, welche auf verschiedene Art bezeichnen, nicht äußerlich auf die gleiche Art verwendet. Eine Zeichensprache also, die der *logischen* Grammatik – der *logischen* Syntax – gehorcht.

(Die Begriffsschrift Freges und Russells ist eine solche Sprache, die allerdings noch nicht alle Fehler ausschließt.)

3.326 Um das Symbol am Zeichen zu erkennen, muß man auf den sinnvollen Gebrauch achten.

3.327 Das Zeichen bestimmt erst mit seiner logisch-syntaktischen Verwendung zusammen eine logische Form.

3.328 Wird ein Zeichen *nicht gebraucht*, so ist es bedeutungslos. Das ist der Sinn der Devise Occams.

(Wenn sich alles so verhält als hätte ein Zeichen Bedeutung, dann hat es auch Bedeutung.)

3.33 In der logischen Syntax darf nie die Bedeutung eines Zeichens eine Rolle spielen; sie muß sich aufstellen lassen, ohne daß dabei von der *Bedeutung* eines Zeichens die Rede wäre, sie darf *nur* die Beschreibung der Ausdrücke voraussetzen.

3.331 Von dieser Bemerkung sehen wir in Russells »Theory of types« hinüber: Der Irrtum Russells zeigt sich darin, daß er bei der Aufstellung der Zeichenregeln von der Bedeutung der Zeichen reden mußte.

3.332 Kein Satz kann etwas über sich selbst aussagen, weil das Satzzeichen nicht in sich selbst enthalten sein kann. (Das ist die ganze »Theory of types«.)

3.333 Eine Funktion kann darum nicht ihr eigenes Argument sein, weil das Funktionszeichen bereits das Urbild seines Arguments enthält und es sich also nicht selbst enthalten kann.

Nehmen wir nämlich an, die Funktion F(fx)

könnte ihr eigenes Argument sein; dann gäbe es also einen Satz: »F(F(fx))«, und in diesem müssen die äußere Funktion F und die innere Funktion F verschiedene Bedeutungen haben, denn die innere hat die Form φ(fx), die äußere die Form ψ(φ(fx)). Gemeinsam ist den beiden Funktionen nur der Buchstabe »F«, der aber allein nichts bezeichnet.

Dies wird sofort klar, wenn wir statt »F(F(u))« schreiben »(∃φ):F(φu).φu = Fu«.

Hiermit erledigt sich Russells Paradox.

3.334 Die Regeln der logischen Syntax müssen sich von selbst verstehen, wenn man nur weiß, wie ein jedes Zeichen bezeichnet.

3.34 Der Satz besitzt wesentliche und zufällige Züge.

Zufällig sind die Züge, die von der besonderen Art der Hervorbringung des Satzzeichens herrühren. Wesentlich diejenigen, welche allein den Satz befähigen, seinen Sinn auszudrücken.

3.341 Das Wesentliche am Satz ist also das, was allen Sätzen, welche den gleichen Sinn ausdrücken können, gemeinsam ist.

Und ebenso ist allgemein das Wesentliche am Symbol das, was alle Symbole, die denselben Zweck erfüllen können, gemeinsam haben.

3.3411 Man könnte also sagen: Der eigentliche Name ist das, was alle Symbole, die den Gegenstand bezeichnen können, gemeinsam haben. Es würde sich so sukzessive ergeben, daß keinerlei Zusammensetzung für den Namen wesentlich ist.

3.342 An unseren Notationen ist zwar etwas willkürlich, aber *das* ist nicht willkürlich: Daß, *wenn* wir etwas willkürlich bestimmt haben, dann etwas anderes der Fall sein *muß*. (Dies hängt von dem *Wesen* der Notation ab.)

3.3421 Eine besondere Bezeichnungsweise mag unwichtig sein, aber wichtig ist es immer, daß diese eine *mögliche* Bezeichnungsweise ist.

Und so verhält es sich in der Philosophie überhaupt: Das Einzelne erweist sich immer wieder als unwichtig, aber die Möglichkeit jedes Einzelnen gibt uns einen Aufschluß über das Wesen der Welt.

3.343 Definitionen sind Regeln der Übersetzung von einer Sprache in eine andere. Jede richtige Zeichensprache muß sich in jede andere nach solchen Regeln übersetzen lassen: *Dies* ist, was sie alle gemeinsam haben.

3.344 Das, was am Symbol bezeichnet, ist das Gemeinsame aller jener Symbole, durch die das erste den Regeln der logischen Syntax zufolge ersetzt werden kann.

3.3441 Man kann z. B. das Gemeinsame aller Notationen für die Wahrheitsfunktionen so ausdrücken: Es ist ihnen gemeinsam, daß sie sich alle – z. B. – durch die Notation von »~p« (»nicht p«) und »pvq« (»p oder q«) *ersetzen lassen*.

(Hiermit ist die Art und Weise gekennzeichnet, wie eine spezielle mögliche Notation uns allgemeine Aufschlüsse geben kann.)

3.3442 Das Zeichen des Komplexes löst sich auch bei der Analyse nicht willkürlich auf, so daß etwa seine Auflösung in jedem Satzgefüge eine andere wäre.

3.4 Der Satz bestimmt einen Ort im logischen Raum. Die Existenz dieses logischen Ortes ist durch die

Existenz der Bestandteile allein verbürgt, durch die Existenz des sinnvollen Satzes.

3.41 Das Satzzeichen und die logischen Koordinaten: Das ist der logische Ort.

3.411 Der geometrische und der logische Ort stimmen darin überein, daß beide die Möglichkeit einer Existenz sind.

3.42 Obwohl der Satz nur einen Ort des logischen Raumes bestimmen darf, so muß doch durch ihn schon der ganze logische Raum gegeben sein.

(Sonst würden durch die Verneinung, die logische Summe, das logische Produkt, etc. immer neue Elemente – in Koordination – eingeführt.)

(Das logische Gerüst um das Bild herum bestimmt den logischen Raum. Der Satz durchgreift den ganzen logischen Raum.)

3.5 Das angewandte, gedachte, Satzzeichen ist der Gedanke.

4 Der Gedanke ist der sinnvolle Satz.

4.001 Die Gesamtheit der Sätze ist die Sprache.

4.002 Der Mensch besitzt die Fähigkeit Sprachen zu bauen, womit sich jeder Sinn ausdrücken läßt, ohne eine Ahnung davon zu haben, wie und was jedes Wort bedeutet. – Wie man auch spricht, ohne zu wissen, wie die einzelnen Laute hervorgebracht werden.

Die Umgangssprache ist ein Teil des menschlichen Organismus und nicht weniger kompliziert als dieser.

Es ist menschenunmöglich, die Sprachlogik aus ihr unmittelbar zu entnehmen.

Die Sprache verkleidet den Gedanken. Und zwar

so, daß man nach der äußeren Form des Kleides nicht auf die Form des bekleideten Gedankens schließen kann; weil die äußere Form des Kleides nach ganz anderen Zwecken gebildet ist, als danach, die Form des Körpers erkennen zu lassen.

Die stillschweigenden Abmachungen zum Verständnis der Umgangssprache sind enorm kompliziert.

4.003 Die meisten Sätze und Fragen, welche über philosophische Dinge geschrieben worden sind, sind nicht falsch, sondern unsinnig. Wir können daher Fragen dieser Art überhaupt nicht beantworten, sondern nur ihre Unsinnigkeit feststellen. Die meisten Fragen und Sätze der Philosophen beruhen darauf, daß wir unsere Sprachlogik nicht verstehen.

(Sie sind von der Art der Frage, ob das Gute mehr oder weniger identisch sei als das Schöne.)

Und es ist nicht verwunderlich, daß die tiefsten Probleme eigentlich *keine* Probleme sind.

4.0031 Alle Philosophie ist »Sprachkritik«. (Allerdings nicht im Sinne Mauthners.)

Russells Verdienst ist es, gezeigt zu haben, daß die scheinbare logische Form des Satzes nicht seine wirkliche sein muß.

4.01 Der Satz ist ein Bild der Wirklichkeit.

Der Satz ist ein Modell der Wirklichkeit, so wie wir sie uns denken.

4.011 Auf den ersten Blick scheint der Satz – wie er etwa auf dem Papier gedruckt steht – kein Bild der Wirklichkeit zu sein, von der er handelt.

Aber auch die Notenschrift scheint auf den ersten

Blick kein Bild der Musik zu sein, und unsere Lautzeichen-(Buchstaben-)Schrift kein Bild unserer Lautsprache.

Und doch erweisen sich diese Zeichensprachen auch im gewöhnlichen Sinne als Bilder dessen, was sie darstellen.

4.012 Offenbar ist, daß wir einen Satz von der Form »aRb« als Bild empfinden.

Hier ist das Zeichen offenbar ein Gleichnis des Bezeichneten.

4.013 Und wenn wir in das Wesentliche dieser Bildhaftigkeit eindringen, so sehen wir, daß dieselbe durch *scheinbare Unregelmäßigkeiten* (wie die Verwendung der ♯ und ♭ in der Notenschrift) *nicht* gestört wird.

Denn auch diese Unregelmäßigkeiten bilden das ab, was sie ausdrücken sollen; nur auf eine andere Art und Weise.

4.014 Die Grammophonplatte, der musikalische Gedanke, die Notenschrift, die Schallwellen, stehen alle in jener abbildenden internen Beziehung zu einander, die zwischen Sprache und Welt besteht.

Ihnen allen ist der logische Bau gemeinsam.

(Wie im Märchen die zwei Jünglinge, ihre zwei Pferde und ihre Lilien. Sie sind alle in gewissem Sinne Eins.)

4.0141 Daß es eine allgemeine Regel gibt, durch die der Musiker aus der Partitur die Symphonie entnehmen kann, durch welche man aus der Linie auf der Grammophonplatte die Symphonie und nach der ersten Regel wieder die Partitur ableiten kann, darin besteht eben die innere Ähnlichkeit dieser scheinbar so ganz verschiedenen Gebilde. Und jene Regel ist das Gesetz der Projektion, welches die Symphonie in die Notensprache projiziert. Sie ist die Regel der Übersetzung der Notensprache in die Sprache der Grammophonplatte.

4.015 Die Möglichkeit aller Gleichnisse, der ganzen Bildhaftigkeit unserer Ausdrucksweise, ruht in der Logik der Abbildung.

4.016 Um das Wesen des Satzes zu verstehen, denken wir an die Hieroglyphenschrift, welche die Tatsachen die sie beschreibt abbildet.

Und aus ihr wurde die Buchstabenschrift, ohne das Wesentliche der Abbildung zu verlieren.

4.02 Dies sehen wir daraus, daß wir den Sinn des Satzzeichens verstehen, ohne daß er uns erklärt wurde.

4.021 Der Satz ist ein Bild der Wirklichkeit: Denn ich kenne die von ihm dargestellte Sachlage, wenn ich den Satz verstehe. Und den Satz verstehe ich, ohne daß mir sein Sinn erklärt wurde.

4.022 Der Satz *zeigt* seinen Sinn.

Der Satz *zeigt*, wie es sich verhält, *wenn* er wahr ist. Und er *sagt*, *daß* es sich so verhält.

4.023 Die Wirklichkeit muß durch den Satz auf ja oder nein fixiert sein.

Dazu muß sie durch ihn vollständig beschrieben werden.

Der Satz ist die Beschreibung eines Sachverhaltes.

Wie die Beschreibung einen Gegenstand nach seinen externen Eigenschaften, so beschreibt der Satz die Wirklichkeit nach ihren internen Eigenschaften.

Der Satz konstruiert eine Welt mit Hilfe eines logischen Gerüstes und darum kann man am Satz auch sehen, wie sich alles Logische verhält, *wenn* er wahr ist. Man kann aus einem falschen Satz *Schlüsse ziehen.*

4.024 Einen Satz verstehen, heißt, wissen was der Fall ist, wenn er wahr ist.

(Man kann ihn also verstehen, ohne zu wissen, ob er wahr ist.)

Man versteht ihn, wenn man seine Bestandteile versteht.

4.025 Die Übersetzung einer Sprache in eine andere geht nicht so vor sich, daß man jeden *Satz* der einen in einen *Satz* der anderen übersetzt, sondern nur die Satzbestandteile werden übersetzt.

(Und das Wörterbuch übersetzt nicht nur Substantiva, sondern auch Zeit-, Eigenschafts- und Bindewörter, etc.; und es behandelt sie alle gleich.)

4.026 Die Bedeutungen der einfachen Zeichen (der Wörter) müssen uns erklärt werden, daß wir sie verstehen.

Mit den Sätzen aber *verständigen* wir uns.

4.027 Es liegt im Wesen des Satzes, daß er uns einen *neuen* Sinn mitteilen kann.

4.03 Ein Satz muß mit alten Ausdrücken einen neuen Sinn mitteilen.

Der Satz teilt uns eine Sachlage mit, also muß er *wesentlich* mit der Sachlage zusammenhängen.

Und der Zusammenhang ist eben, daß er ihr logisches Bild ist.

Der Satz sagt nur insoweit etwas aus, als er ein Bild ist.

4.031 Im Satz wird gleichsam eine Sachlage probeweise zusammengestellt.

Man kann geradezu sagen: statt, dieser Satz hat

diesen und diesen Sinn: dieser Satz stellt diese und diese Sachlage dar.

4.0311 Ein Name steht für ein Ding, ein anderer für ein anderes Ding und unter einander sind sie verbunden; so stellt das Ganze – wie ein lebendes Bild – den Sachverhalt vor.

4.0312 Die Möglichkeit des Satzes beruht auf dem Prinzip der Vertretung von Gegenständen durch Zeichen.

Mein Grundgedanke ist, daß die »logischen Konstanten« nicht vertreten. Daß sich die *Logik* der Tatsachen nicht vertreten *läßt*.

4.032 Nur insoweit ist der Satz ein Bild einer Sachlage, als er logisch gegliedert ist.

(Auch der Satz »ambulo« ist zusammengesetzt, denn sein Stamm ergibt mit einer anderen Endung und seine Endung mit einem anderen Stamm, einen anderen Sinn.)

4.04 Am Satz muß gerade soviel zu unterscheiden sein, als an der Sachlage, die er darstellt.

Die beiden müssen die gleiche logische (mathematische) Mannigfaltigkeit besitzen. (Vergleiche Hertz' Mechanik, über Dynamische Modelle.)

4.041 Diese mathematische Mannigfaltigkeit kann man natürlich nicht selbst wieder abbilden. Aus ihr kann man beim Abbilden nicht heraus.

4.0411 Wollten wir z. B. das, was wir durch »(x).fx« ausdrücken, durch Vorsetzen eines Indexes vor »fx« ausdrücken – etwa so: »Alg.fx« – es würde nicht genügen – wir wüßten nicht, was verallgemeinert wurde.

Wollten wir es durch einen Index am »x« anzeigen – etwa so: »f(x_a)« – es würde auch nicht genügen –

wir wüßten nicht den Bereich der Allgemeinheitsbezeichnung.

Wollten wir es durch Einführung einer Marke in die Argumentstellen versuchen – etwa so: »(A,A).f(A,A)« – es würde nicht genügen – wir könnten die Identität der Variablen nicht feststellen. U. s. w..

Alle diese Bezeichnungsweisen genügen nicht, weil sie nicht die notwendige mathematische Mannigfaltigkeit haben.

4.0412 Aus demselben Grunde genügt die idealistische Erklärung des Sehens der räumlichen Beziehungen durch die »Raumbrille« nicht, weil sie nicht die Mannigfaltigkeit dieser Beziehungen erklären kann.

4.05 Die Wirklichkeit wird mit dem Satz verglichen.

4.06 Nur dadurch kann der Satz wahr oder falsch sein, indem er ein Bild der Wirklichkeit ist.

4.061 Beachtet man nicht, daß der Satz einen von den Tatsachen unabhängigen Sinn hat, so kann man leicht glauben, daß wahr und falsch gleichberechtigte Beziehungen von Zeichen und Bezeichnetem sind.

Man könnte dann z. B. sagen, daß »p« auf die wahre Art bezeichnet, was »~p« auf die falsche Art, etc..

4.062 Kann man sich nicht mit falschen Sätzen, wie bisher mit wahren, verständigen? Solange man nur weiß, daß sie falsch gemeint sind. Nein! Denn, wahr ist ein Satz, wenn es sich so verhält, wie wir es durch ihn sagen; und wenn wir mit »p« ~p meinen, und es sich so verhält, wie wir es meinen, so ist »p« in der neuen Auffassung wahr und nicht falsch.

4.0621 Daß aber die Zeichen »p« und »~p« das gleiche sagen

können, ist wichtig. Denn es zeigt, daß dem Zeichen »~« in der Wirklichkeit nichts entspricht.

Daß in einem Satz die Verneinung vorkommt, ist noch kein Merkmal seines Sinnes (~~p = p).

Die Sätze »p« und »~p« haben entgegengesetzten Sinn, aber es entspricht ihnen eine und dieselbe Wirklichkeit.

4.063 Ein Bild zur Erklärung des Wahrheitsbegriffes: Schwarzer Fleck auf weißem Papier; die Form des Fleckes kann man beschreiben, indem man für jeden Punkt der Fläche angibt, ob er weiß oder schwarz ist. Der Tatsache, daß ein Punkt schwarz ist, entspricht eine positive – der, daß ein Punkt weiß (nicht schwarz) ist, eine negative Tatsache. Bezeichne ich einen Punkt der Fläche (einen Fregeschen Wahrheitswert), so entspricht dies einer Annahme, die zur Beurteilung aufgestellt wird. Etc. etc..

Um aber sagen zu können, ein Punkt sei schwarz oder weiß, muß ich vorerst wissen, wann man einen Punkt schwarz und wann man ihn weiß nennt; um sagen zu können: »p« ist wahr (oder falsch), muß ich bestimmt haben, unter welchen Umständen ich »p« wahr nenne, und damit bestimme ich den Sinn des Satzes.

Der Punkt an dem das Gleichnis hinkt ist nun der: Wir können auf einen Punkt des Papiers zeigen, auch ohne zu wissen, was weiß und schwarz ist; einem Satz ohne Sinn aber entspricht gar nichts, denn er bezeichnet kein Ding (Wahrheitswert) dessen Eigenschaften etwa »falsch« oder »wahr« hießen; das Verbum eines Satzes ist nicht »ist wahr« oder »ist falsch« –

wie Frege glaubte –, sondern das was »wahr ist« muß das Verbum schon enthalten.

4.064 Jeder Satz muß *schon* einen Sinn haben; die Bejahung kann ihn ihm nicht geben, denn sie bejaht ja gerade den Sinn. Und dasselbe gilt von der Verneinung, etc..

4.0641 Man könnte sagen: Die Verneinung bezieht sich schon auf den logischen Ort, den der verneinte Satz bestimmt.

Der verneinende Satz bestimmt einen *anderen* logischen Ort als der verneinte.

Der verneinende Satz bestimmt einen logischen Ort mit Hilfe des logischen Ortes des verneinten Satzes, indem er jenen als außerhalb diesem liegend beschreibt.

Daß man den verneinenden Satz wieder verneinen kann, zeigt schon, daß das, was verneint wird, schon ein Satz und nicht erst die Vorbereitung zu einem Satze ist.

4.1 Der Satz stellt das Bestehen und Nichtbestehen der Sachverhalte dar.

4.11 Die Gesamtheit der wahren Sätze ist die gesamte Naturwissenschaft (oder die Gesamtheit der Naturwissenschaften).

4.111 Die Philosophie ist keine der Naturwissenschaften.

(Das Wort »Philosophie« muß etwas bedeuten, was über oder unter, aber nicht neben den Naturwissenschaften steht.)

4.112 Der Zweck der Philosophie ist die logische Klärung der Gedanken.

Die Philosophie ist keine Lehre, sondern eine Tätigkeit.

Ein philosophisches Werk besteht wesentlich aus Erläuterungen.

Das Resultat der Philosophie sind nicht »philosophische Sätze«, sondern das Klarwerden von Sätzen.

Die Philosophie soll die Gedanken, die sonst, gleichsam, trübe und verschwommen sind, klar machen und scharf abgrenzen.

4.1121 Die Psychologie ist der Philosophie nicht verwandter als irgend eine andere Naturwissenschaft.

Erkenntnistheorie ist die Philosophie der Psychologie.

Entspricht nicht mein Studium der Zeichensprache dem Studium der Denkprozesse, welches die Philosophen für die Philosophie der Logik für so wesentlich hielten? Nur verwickelten sie sich meistens in unwesentliche psychologische Untersuchungen und eine analoge Gefahr gibt es auch bei meiner Methode.

4.1122 Die Darwinsche Theorie hat mit der Philosophie nicht mehr zu schaffen, als irgend eine andere Hypothese der Naturwissenschaft.

4.113 Die Philosophie begrenzt das bestreitbare Gebiet der Naturwissenschaft.

4.114 Sie soll das Denkbare abgrenzen und damit das Undenkbare.

Sie soll das Undenkbare von innen durch das Denkbare begrenzen.

4.115 Sie wird das Unsagbare bedeuten, indem sie das Sagbare klar darstellt.

4.116 Alles was überhaupt gedacht werden kann, kann klar gedacht werden. Alles was sich aussprechen läßt, läßt sich klar aussprechen.

4.12 Der Satz kann die gesamte Wirklichkeit darstellen, aber er kann nicht das darstellen, was er mit der Wirklichkeit gemein haben muß, um sie darstellen zu können – die logische Form.

Um die logische Form darstellen zu können, müßten wir uns mit dem Satze außerhalb der Logik aufstellen können, das heißt außerhalb der Welt.

4.121 Der Satz kann die logische Form nicht darstellen, sie spiegelt sich in ihm.

Was sich in der Sprache spiegelt, kann sie nicht darstellen.

Was *sich* in der Sprache ausdrückt, können *wir* nicht durch sie ausdrücken.

Der Satz *zeigt* die logische Form der Wirklichkeit.

Er weist sie auf.

4.1211 So zeigt ein Satz »fa«, daß in seinem Sinn der Gegenstand a vorkommt, zwei Sätze »fa« und »ga«, daß in ihnen beiden von demselben Gegenstand die Rede ist.

Wenn zwei Sätze einander widersprechen, so zeigt dies ihre Struktur; ebenso, wenn einer aus dem anderen folgt. U. s. w..

4.1212 Was gezeigt werden *kann*, *kann* nicht gesagt werden.

4.1213 Jetzt verstehen wir auch unser Gefühl: daß wir im Besitze einer richtigen logischen Auffassung seien, wenn nur einmal alles in unserer Zeichensprache stimmt.

4.122 Wir können in gewissem Sinne von formalen Eigenschaften der Gegenstände und Sachverhalte bezw. von Eigenschaften der Struktur der Tatsachen reden und in demselben Sinne von formalen Relationen und Relationen von Strukturen.

(Statt Eigenschaft der Struktur sage ich auch »interne Eigenschaft«; statt Relation der Strukturen »interne Relation«.

Ich führe diese Ausdrücke ein, um den Grund der bei den Philosophen sehr verbreiteten Verwechslung zwischen den internen Relationen und den eigentlichen (externen) Relationen zu zeigen.)

Das Bestehen solcher interner Eigenschaften und Relationen kann aber nicht durch Sätze behauptet werden, sondern es zeigt sich in den Sätzen, welche jene Sachverhalte darstellen und von jenen Gegenständen handeln.

4.1221 Eine interne Eigenschaft einer Tatsache können wir auch einen Zug dieser Tatsache nennen. (In dem Sinne, in welchem wir etwa von Gesichtszügen sprechen.)

4.123 Eine Eigenschaft ist intern, wenn es undenkbar ist, daß ihr Gegenstand sie nicht besitzt.

(Diese blaue Farbe und jene stehen in der internen Relation von heller und dunkler eo ipso. Es ist undenkbar, daß *diese* beiden Gegenstände nicht in dieser Relation stünden.)

(Hier entspricht dem schwankenden Gebrauch der Worte »Eigenschaft« und »Relation« der schwankende Gebrauch des Wortes »Gegenstand«.)

4.124 Das Bestehen einer internen Eigenschaft einer möglichen Sachlage wird nicht durch einen Satz ausgedrückt, sondern es drückt sich in dem sie darstellenden Satze durch eine interne Eigenschaft dieses Satzes aus.

Es wäre ebenso unsinnig, dem Satze eine formale

Eigenschaft zuzusprechen, als sie ihm abzusprechen.

4.1241 Formen kann man nicht dadurch von einander unterscheiden, daß man sagt, die eine habe diese, die andere aber jene Eigenschaft; denn dies setzt voraus, daß es einen Sinn habe, beide Eigenschaften von beiden Formen auszusagen.

4.125 Das Bestehen einer internen Relation zwischen möglichen Sachlagen drückt sich sprachlich durch eine interne Relation zwischen den sie darstellenden Sätzen aus.

4.1251 Hier erledigt sich nun die Streitfrage, »ob alle Relationen intern oder extern« seien.

4.1252 Reihen, welche durch *interne* Relationen geordnet sind, nenne ich Formenreihen.

Die Zahlenreihe ist nicht nach einer externen, sondern nach einer internen Relation geordnet.

Ebenso die Reihe der Sätze

»aRb«
»(∃x):aRx.xRb«
»(∃x,y):aRx.xRy.yRb«
u.s.f.

(Steht b in einer dieser Beziehungen zu a, so nenne ich b einen Nachfolger von a.)

4.126 In dem Sinne, in welchem wir von formalen Eigenschaften sprechen, können wir nun auch von formalen Begriffen reden.

(Ich führe diesen Ausdruck ein, um den Grund der Verwechslung der formalen Begriffe mit den eigentlichen Begriffen, welche die ganze alte Logik durchzieht, klar zu machen.)

Daß etwas unter einen formalen Begriff als dessen Gegenstand fällt, kann nicht durch einen Satz ausgedrückt werden. Sondern es zeigt sich an dem Zeichen dieses Gegenstandes selbst. (Der Name zeigt, daß er einen Gegenstand bezeichnet, das Zahlzeichen, daß es eine Zahl bezeichnet, etc..)

Die formalen Begriffe können ja nicht, wie die eigentlichen Begriffe, durch eine Funktion dargestellt werden.

Denn ihre Merkmale, die formalen Eigenschaften, werden nicht durch Funktionen ausgedrückt.

Der Ausdruck der formalen Eigenschaft ist ein Zug gewisser Symbole.

Das Zeichen der Merkmale eines formalen Begriffes ist also ein charakteristischer Zug aller Symbole, deren Bedeutungen unter den Begriff fallen.

Der Ausdruck des formalen Begriffes ist also eine Satzvariable, in welcher nur dieser charakteristische Zug konstant ist.

4.127 Die Satzvariable bezeichnet den formalen Begriff und ihre Werte die Gegenstände, welche unter diesen Begriff fallen.

4.1271 Jede Variable ist das Zeichen eines formalen Begriffes.

Denn jede Variable stellt eine konstante Form dar, welche alle ihre Werte besitzen, und die als formale Eigenschaft dieser Werte aufgefaßt werden kann.

4.1272 So ist der variable Name »x« das eigentliche Zeichen des Scheinbegriffes *Gegenstand.*

Wo immer das Wort »Gegenstand« (»Ding«,

»Sache«, etc.) richtig gebraucht wird, wird es in der Begriffsschrift durch den variablen Namen ausgedrückt.

Zum Beispiel in dem Satz »es gibt 2 Gegenstände, welche ...« durch »(∃x,y) ...«.

Wo immer es anders, also als eigentliches Begriffswort gebraucht wird, entstehen unsinnige Scheinsätze.

So kann man z. B. nicht sagen »es gibt Gegenstände«, wie man etwa sagt »es gibt Bücher«. Und ebensowenig »es gibt 100 Gegenstände«, oder »es gibt $\aleph_0$ Gegenstände«.

Und es ist unsinnig, von der *Anzahl aller Gegenstände* zu sprechen.

Dasselbe gilt von den Worten »Komplex«, »Tatsache«, »Funktion«, »Zahl«, etc..

Sie alle bezeichnen formale Begriffe und werden in der Begriffsschrift durch Variable, nicht durch Funktionen oder Klassen dargestellt. (Wie Frege und Russell glaubten.)

Ausdrücke wie »1 ist eine Zahl«, »es gibt nur Eine Null« und alle ähnlichen sind unsinnig.

(Es ist ebenso unsinnig zu sagen »es gibt nur Eine 1«, als es unsinnig wäre, zu sagen: 2+2 ist um 3 Uhr gleich 4.)

4.12721 Der formale Begriff ist mit einem Gegenstand, der unter ihn fällt, bereits gegeben. Man kann also nicht Gegenstände eines formalen Begriffes *und* den formalen Begriff selbst als Grundbegriffe einführen. Man kann also z. B. nicht den Begriff der Funktion, und auch spezielle Funktionen (wie Russell) als

Grundbegriffe einführen; oder den Begriff der Zahl und bestimmte Zahlen.

4.1273 Wollen wir den allgemeinen Satz: »b ist ein Nachfolger von a« in der Begriffsschrift ausdrücken, so brauchen wir hierzu einen Ausdruck für das allgemeine Glied der Formenreihe:

aRb
(∃x):aRx.xRb
(∃x,y):aRx.xRy.yRb
...

Das allgemeine Glied einer Formenreihe kann man nur durch eine Variable ausdrücken, denn der Begriff: Glied dieser Formenreihe, ist ein *formaler* Begriff. (Dies haben Frege und Russell übersehen; die Art und Weise wie sie allgemeine Sätze, wie den obigen, ausdrücken wollen, ist daher falsch; sie enthält einen Circulus vitiosus.)

Wir können das allgemeine Glied der Formenreihe bestimmen, indem wir ihr erstes Glied angeben und die allgemeine Form der Operation, welche das folgende Glied aus dem vorhergehenden erzeugt.

4.1274 Die Frage nach der Existenz eines formalen Begriffes ist unsinnig.

Denn kein Satz kann eine solche Frage beantworten.

(Man kann also z. B. nicht fragen: »Gibt es unanalysierbare Subjekt-Prädikatsätze?«)

4.128 Die logischen Formen sind zahl*los*.

Darum gibt es in der Logik keine ausgezeichneten Zahlen und darum gibt es keinen philosophischen Monismus oder Dualismus, etc..

4.2 Der Sinn des Satzes ist seine Übereinstimmung, und Nichtübereinstimmung, mit den Möglichkeiten des Bestehens und Nichtbestehens der Sachverhalte.

4.21 Der einfachste Satz, der Elementarsatz, behauptet das Bestehen eines Sachverhaltes.

4.211 Ein Zeichen des Elementarsatzes ist es, daß kein Elementarsatz mit ihm in Widerspruch stehen kann.

4.22 Der Elementarsatz besteht aus Namen. Er ist ein Zusammenhang, eine Verkettung, von Namen.

4.221 Es ist offenbar, daß wir bei der Analyse der Sätze auf Elementarsätze kommen müssen, die aus Namen in unmittelbarer Verbindung bestehen.

Es frägt sich hier, wie kommt der Satzverband zustande.

4.2211 Auch wenn die Welt unendlich komplex ist, so daß jede Tatsache aus unendlich vielen Sachverhalten besteht und jeder Sachverhalt aus unendlich vielen Gegenständen zusammengesetzt ist, auch dann muß es Gegenstände und Sachverhalte geben.

4.23 Der Name kommt im Satz nur im Zusammenhange des Elementarsatzes vor.

4.24 Die Namen sind die einfachen Symbole, ich deute sie durch einzelne Buchstaben (»x«, »y«, »z«) an.

Den Elementarsatz schreibe ich als Funktion der Namen in der Form: »fx«, »f(x,y)«, etc..

Oder ich deute ihn durch die Buchstaben p, q, r an.

4.241 Gebrauche ich zwei Zeichen in ein und derselben Bedeutung, so drücke ich dies aus, indem ich zwischen beide das Zeichen »=« setze.

»a = b« heißt also: Das Zeichen »a« ist durch das Zeichen »b« ersetzbar.

(Führe ich durch eine Gleichung ein neues Zeichen »b« ein, indem ich bestimme, es solle ein bereits bekanntes Zeichen »a« ersetzen, so schreibe ich die Gleichung – Definition – (wie Russell) in der Form »a = b Def.«. Die Definition ist eine Zeichenregel.)

4.242 Ausdrücke von der Form »a = b« sind also nur Behelfe der Darstellung; sie sagen nichts über die Bedeutung der Zeichen »a« oder »b« aus.

4.243 Können wir zwei Namen verstehen, ohne zu wissen, ob sie dasselbe Ding oder zwei verschiedene Dinge bezeichnen? – Können wir einen Satz, worin zwei Namen vorkommen, verstehen, ohne zu wissen, ob sie dasselbe oder verschiedenes bedeuten?

Kenne ich etwa die Bedeutung eines englischen und eines gleichbedeutenden deutschen Wortes, so ist es unmöglich, daß ich nicht weiß, daß die beiden gleichbedeutend sind; es ist unmöglich, daß ich sie nicht in einander übersetzen kann.

Ausdrücke wie »a = a«, oder von diesen abgeleitete, sind weder Elementarsätze, noch sonst sinnvolle Zeichen. (Dies wird sich später zeigen.)

4.25 Ist der Elementarsatz wahr, so besteht der Sachverhalt; ist der Elementarsatz falsch, so besteht der Sachverhalt nicht.

4.26 Die Angabe aller wahren Elementarsätze beschreibt die Welt vollständig.

Die Welt ist vollständig beschrieben durch die Angabe aller Elementarsätze plus der Angabe, welche von ihnen wahr und welche falsch sind.

4.27 Bezüglich des Bestehens und Nichtbestehens von n Sachverhalten gibt es

$$K_n = \sum_{\nu=0}^{n} \binom{n}{\nu} \text{ Möglichkeiten.}$$

Es können alle möglichen Kombinationen der Sachverhalte bestehen, die anderen nicht bestehen.

4.28 Diesen Kombinationen entsprechen ebenso viele Möglichkeiten der Wahrheit – und Falschheit – von n Elementarsätzen.

4.3 Die Wahrheitsmöglichkeiten der Elementarsätze bedeuten die Möglichkeiten des Bestehens und Nichtbestehens der Sachverhalte.

4.31 Die Wahrheitsmöglichkeiten können wir durch Schemata folgender Art darstellen (»W« bedeutet »wahr«, »F« »falsch«. Die Reihen der »W« und »F« unter der Reihe der Elementarsätze bedeuten in leichtverständlicher Symbolik deren Wahrheitsmöglichkeiten.):

p	q	r
W	W	W
F	W	W
W	F	W
W	W	F
F	F	W
F	W	F
W	F	F
F	F	F

p	q
W	W
F	W
W	F
F	F

p
W
F

4.4 Der Satz ist der Ausdruck der Übereinstimmung und Nichtübereinstimmung mit den Wahrheitsmöglichkeiten der Elementarsätze.

4.41 Die Wahrheitsmöglichkeiten der Elementarsätze sind die Bedingungen der Wahrheit und Falschheit der Sätze.

4.411 Es ist von vornherein wahrscheinlich, daß die Einführung der Elementarsätze für das Verständnis aller anderen Satzarten grundlegend ist. Ja, das Verständnis der allgemeinen Sätze hängt *fühlbar* von dem der Elementarsätze ab.

4.42 Bezüglich der Übereinstimmung und Nichtübereinstimmung eines Satzes mit den Wahrheitsmöglichkeiten von n Elementarsätzen gibt es

$$\sum_{\kappa=0}^{K_n} \binom{K_n}{\kappa} = L_n \text{ Möglichkeiten.}$$

4.43 Die Übereinstimmung mit den Wahrheitsmöglichkeiten können wir dadurch ausdrücken, indem wir ihnen im Schema etwa das Abzeichen »W« (»wahr«) zuordnen.

Das Fehlen dieses Abzeichens bedeutet die Nichtübereinstimmung.

4.431 Der Ausdruck der Übereinstimmung und Nichtübereinstimmung mit den Wahrheitsmöglichkeiten der Elementarsätze drückt die Wahrheitsbedingungen des Satzes aus.

Der Satz ist der Ausdruck seiner Wahrheitsbedingungen.

(Frege hat sie daher ganz richtig als Erklärung der Zeichen seiner Begriffsschrift vorausgeschickt. Nur ist die Erklärung des Wahrheitsbegriffes bei Frege falsch: Wären »das Wahre« und »das Falsche« wirklich Gegenstände und die Argumente in ~p, etc., dann wäre nach Freges Bestimmung der Sinn von »~p« keineswegs bestimmt.)

4.44 Das Zeichen, welches durch die Zuordnung jener Abzeichen »W« und der Wahrheitsmöglichkeiten entsteht, ist ein Satzzeichen.

4.441 Es ist klar, daß dem Komplex der Zeichen »F« und »W« kein Gegenstand (oder Komplex von Gegenständen) entspricht; so wenig, wie den horizontalen und vertikalen Strichen oder den Klammern. – »Logische Gegenstände« gibt es nicht.

Analoges gilt natürlich für alle Zeichen, die dasselbe ausdrücken wie die Schemata der »W« und »F«.

4.442 Es ist z. B.:

»

p	q	
W	W	W
F	W	W
W	F	
F	F	W

« ein Satzzeichen.

(Freges »Urteilstrich« »⊢« ist logisch ganz bedeutungslos; er zeigt bei Frege (und Russell) nur an, daß diese Autoren die so bezeichneten Sätze für wahr halten. »⊢« gehört daher ebensowenig zum Satzgefüge, wie etwa die Nummer des Satzes. Ein Satz kann unmöglich von sich selbst aussagen, daß er wahr ist.)

Ist die Reihenfolge der Wahrheitsmöglichkeiten im Schema durch eine Kombinationsregel ein für allemal festgesetzt, dann ist die letzte Kolonne allein schon ein Ausdruck der Wahrheitsbedingungen.

Schreiben wir diese Kolonne als Reihe hin, so wird das Satzzeichen zu:
»(WW–W)(p,q)« oder deutlicher »(WWFW)(p,q)«.

(Die Anzahl der Stellen in der linken Klammer ist durch die Anzahl der Glieder in der rechten bestimmt.)

4.45 Für n Elementarsätze gibt es L_n mögliche Gruppen von Wahrheitsbedingungen.

Die Gruppen von Wahrheitsbedingungen, welche zu den Wahrheitsmöglichkeiten einer Anzahl von Elementarsätzen gehören, lassen sich in eine Reihe ordnen.

4.46 Unter den möglichen Gruppen von Wahrheitsbedingungen gibt es zwei extreme Fälle.

In dem einen Fall ist der Satz für sämtliche Wahrheitsmöglichkeiten der Elementarsätze wahr. Wir sagen, die Wahrheitsbedingungen sind *tautologisch.*

Im zweiten Fall ist der Satz für sämtliche Wahrheitsmöglichkeiten falsch: Die Wahrheitsbedingungen sind *kontradiktorisch.*

Im ersten Fall nennen wir den Satz eine Tautologie, im zweiten Fall eine Kontradiktion.

4.461 Der Satz zeigt was er sagt, die Tautologie und die Kontradiktion, daß sie nichts sagen.

Die Tautologie hat keine Wahrheitsbedingungen, denn sie ist bedingungslos wahr; und die Kontradiktion ist unter keiner Bedingung wahr.

Tautologie und Kontradiktion sind sinnlos.

(Wie der Punkt, von dem zwei Pfeile in entgegengesetzter Richtung auseinander gehen.)

(Ich weiß z. B. nichts über das Wetter, wenn ich weiß, daß es regnet oder nicht regnet.)

4.4611 Tautologie und Kontradiktion sind aber nicht unsinnig; sie gehören zum Symbolismus, und zwar ähnlich wie die »0« zum Symbolismus der Arithmetik.

4.462 Tautologie und Kontradiktion sind nicht Bilder der Wirklichkeit. Sie stellen keine mögliche Sachlage dar. Denn jene läßt *jede* mögliche Sachlage zu, diese *keine*.

In der Tautologie heben die Bedingungen der Übereinstimmung mit der Welt – die darstellenden Beziehungen – einander auf, so daß sie in keiner darstellenden Beziehung zur Wirklichkeit steht.

4.463 Die Wahrheitsbedingungen bestimmen den Spielraum, der den Tatsachen durch den Satz gelassen wird.

(Der Satz, das Bild, das Modell, sind, im negativen Sinne, wie ein fester Körper, der die Bewegungsfreiheit der anderen beschränkt; im positiven Sinne, wie der von fester Substanz begrenzte Raum, worin ein Körper Platz hat.)

Die Tautologie läßt der Wirklichkeit den ganzen – unendlichen – logischen Raum frei; die Kontradiktion erfüllt den ganzen logischen Raum und läßt der

Wirklichkeit keinen Punkt. Keine von beiden kann daher die Wirklichkeit irgendwie bestimmen.

4.464 Die Wahrheit der Tautologie ist gewiß, des Satzes möglich, der Kontradiktion unmöglich.

(Gewiß, möglich, unmöglich: Hier haben wir das Anzeichen jener Gradation, die wir in der Wahrscheinlichkeitslehre brauchen.)

4.465 Das logische Produkt einer Tautologie und eines Satzes sagt dasselbe, wie der Satz. Also ist jenes Produkt identisch mit dem Satz. Denn man kann das Wesentliche des Symbols nicht ändern, ohne seinen Sinn zu ändern.

4.466 Einer bestimmten logischen Verbindung von Zeichen entspricht eine bestimmte logische Verbindung ihrer Bedeutungen; *jede beliebige* Verbindung entspricht nur den unverbundenen Zeichen.

Das heißt, Sätze die für jede Sachlage wahr sind, können überhaupt keine Zeichenverbindungen sein, denn sonst könnten ihnen nur bestimmte Verbindungen von Gegenständen entsprechen.

(Und keiner logischen Verbindung entspricht *keine* Verbindung der Gegenstände.)

Tautologie und Kontradiktion sind die Grenzfälle der Zeichenverbindung, nämlich ihre Auflösung.

4.4661 Freilich sind auch in der Tautologie und Kontradiktion die Zeichen noch mit einander verbunden, d. h. sie stehen in Beziehungen zu einander, aber diese Beziehungen sind bedeutungslos, dem *Symbol* unwesentlich.

4.5 Nun scheint es möglich zu sein, die allgemeinste Satzform anzugeben; das heißt, eine Beschreibung der Sätze *irgend einer* Zeichensprache zu geben, so daß jeder mögliche Sinn durch ein Symbol, auf welches die Beschreibung paßt, ausgedrückt werden kann, und daß jedes Symbol, worauf die Beschreibung paßt, einen Sinn ausdrücken kann, wenn die Bedeutungen der Namen entsprechend gewählt werden.

Es ist klar, daß bei der Beschreibung der allgemeinsten Satzform *nur* ihr Wesentliches beschrieben werden darf, – sonst wäre sie nämlich nicht die allgemeinste.

Daß es eine allgemeine Satzform gibt, wird dadurch bewiesen, daß es keinen Satz geben darf, dessen Form man nicht hätte voraussehen (d. h. konstruieren) können.

Die allgemeine Form des Satzes ist: Es verhält sich so und so.

4.51 Angenommen, mir wären *alle* Elementarsätze gegeben. Dann läßt sich einfach fragen: Welche Sätze kann ich aus ihnen bilden. Und das sind *alle* Sätze und *so* sind sie *begrenzt*.

4.52 Die Sätze sind Alles, was aus der Gesamtheit aller Elementarsätze folgt. (Natürlich auch daraus, daß es die *Gesamtheit aller* ist.)

(So könnte man in gewissem Sinne sagen, daß *alle* Sätze Verallgemeinerungen der Elementarsätze sind.)

4.53 Die allgemeine Satzform ist eine Variable.

5 Der Satz ist eine Wahrheitsfunktion der Elementarsätze.

(Der Elementarsatz ist eine Wahrheitsfunktion seiner selbst.)

5.01 Die Elementarsätze sind die Wahrheitsargumente des Satzes.

5.02 Es liegt nahe, die Argumente von Funktionen mit den Indices von Namen zu verwechseln. Ich erkenne nämlich sowohl am Argument wie am Index die Bedeutung des sie enthaltenden Zeichens. In Russells »$+_c$« ist z. B. »c« ein Index, der darauf hinweist, daß das ganze Zeichen das Additionszeichen für Kardinalzahlen ist. Aber diese Bezeichnung beruht auf willkürlicher Übereinkunft und man könnte statt »$+_c$« auch ein einfaches Zeichen wählen; in »~p« aber ist »p« kein Index, sondern ein Argument: Der Sinn von »~p« *kann nicht* verstanden werden, ohne daß vorher der Sinn von »p« verstanden worden wäre. (Im Namen »Julius Cäsar« ist »Julius« ein Index. Der Index ist immer ein Teil einer Beschreibung des Gegenstandes, dessen Namen wir ihn anhängen. Z. B.: *Der* Cäsar aus dem Geschlechte der Julier.)

Die Verwechslung von Argument und Index liegt, wenn ich mich nicht irre, der Theorie Freges von der Bedeutung der Sätze und Funktionen zugrunde. Für Frege waren die Sätze der Logik Namen, und deren Argumente die Indices dieser Namen.

5.1 Die Wahrheitsfunktionen lassen sich in Reihen ordnen.

Das ist die Grundlage der Wahrscheinlichkeitslehre.

5.101 Die Wahrheitsfunktionen jeder Anzahl von Elementarsätzen lassen sich in einem Schema folgender Art hinschreiben:

(WWWW) (p,q)	Tautologie	(Wenn p, so p; und wenn q, so q.) [p⊃p.q⊃q]
(FWWW) (p,q)	in Worten:	Nicht beides: p und q. [~(p.q)]
(WFWW) (p,q)	" "	Wenn q, so p. [q⊃p]
(WWFW) (p,q)	" "	Wenn p, so q. [p⊃q]
(WWWF) (p,q)	" "	p oder q. [pvq]
(FFWW) (p,q)	" "	Nicht q. [~q]
(FWFW) (p,q)	" "	Nicht p. [~p]
(FWWF) (p,q)	" "	p, oder q, aber nicht beides. [p.~q:v:q.~p]
(WFFW) (p,q)	" "	Wenn p, so q; und wenn q, so p. [p≡q]
(WFWF) (p,q)	" "	p
(WWFF) (p,q)	" "	q
(FFFW) (p,q)	" "	Weder p, noch q. [~p.~q] oder [p|q]
(FFWF) (p,q)	" "	p und nicht q. [p.~q]
(FWFF) (p,q)	" "	q und nicht p. [q.~p]
(WFFF) (p,q)	" "	p und q. [p.q]
(FFFF) (p,q)	Kontradiktion	(p und nicht p; und q und nicht q.) [p.~p.q.~q]

Diejenigen Wahrheitsmöglichkeiten seiner Wahrheitsargumente, welche den Satz bewahrheiten, will ich seine *Wahrheitsgründe* nennen.

5.11 Sind die Wahrheitsgründe, die einer Anzahl von Sätzen gemeinsam sind, sämtlich auch Wahrheitsgründe eines bestimmten Satzes, so sagen wir, die

Wahrheit dieses Satzes *folge* aus der Wahrheit jener Sätze.

5.12 Insbesondere folgt die Wahrheit eines Satzes »p« aus der Wahrheit eines anderen »q«, wenn alle Wahrheitsgründe des zweiten Wahrheitsgründe des ersten sind.

5.121 Die Wahrheitsgründe des einen sind in denen des anderen enthalten; p folgt aus q.

5.122 Folgt p aus q, so ist der Sinn von »p« im Sinne von »q« enthalten.

5.123 Wenn ein Gott eine Welt erschafft, worin gewisse Sätze wahr sind, so schafft er damit auch schon eine Welt, in welcher alle ihre Folgesätze stimmen. Und ähnlich könnte er keine Welt schaffen, worin der Satz »p« wahr ist, ohne seine sämtlichen Gegenstände zu schaffen.

5.124 Der Satz bejaht jeden Satz der aus ihm folgt.

5.1241 »p.q« ist einer der Sätze, welche »p« bejahen und zugleich einer der Sätze, welche »q« bejahen.

Zwei Sätze sind einander entgegengesetzt, wenn es keinen sinnvollen Satz gibt, der sie beide bejaht.

Jeder Satz der einem anderen widerspricht, verneint ihn.

5.13 Daß die Wahrheit eines Satzes aus der Wahrheit anderer Sätze folgt, ersehen wir aus der Struktur der Sätze.

5.131 Folgt die Wahrheit eines Satzes aus der Wahrheit anderer, so drückt sich dies durch gewisse Beziehungen aus, in welchen die Formen jener Sätze zu einander stehen; und zwar brauchen wir sie nicht erst in jene Beziehungen zu setzen, indem wir sie in einem

Satze mit einander verbinden, sondern diese Beziehungen sind intern und bestehen, sobald, und dadurch daß, jene Sätze bestehen.

5.1311 Wenn wir von pvq und ~p auf q schließen, so ist hier durch die Bezeichnungsweise die Beziehung der Satzformen von »pvq« und »~p« verhüllt. Schreiben wir aber z. B. statt »pvq« »p|q.|.p|q« und statt »~p« »p|p« (p|q = weder p, noch q), so wird der innere Zusammenhang offenbar.

(Daß man aus (x).fx auf fa schließen kann, das zeigt, daß die Allgemeinheit auch im Symbol »(x).fx« vorhanden ist.)

5.132 Folgt p aus q, so kann ich von q auf p schließen; p aus q folgern.

Die Art des Schlusses ist allein aus den beiden Sätzen zu entnehmen.

Nur sie selbst können den Schluß rechtfertigen.

»Schlußgesetze«, welche – wie bei Frege und Russell – die Schlüsse rechtfertigen sollen, sind sinnlos, und wären überflüssig.

5.133 Alles Folgern geschieht a priori.

5.134 Aus einem Elementarsatz läßt sich kein anderer folgern.

5.135 Auf keine Weise kann aus dem Bestehen irgend einer Sachlage, auf das Bestehen einer, von ihr gänzlich verschiedenen Sachlage geschlossen werden.

5.136 Einen Kausalnexus, der einen solchen Schluß rechtfertigte, gibt es nicht.

5.1361 Die Ereignisse der Zukunft *können* wir nicht aus den gegenwärtigen erschließen.

Der Glaube an den Kausalnexus ist der *Aberglaube*.

5.1362 Die Willensfreiheit besteht darin, daß zukünftige Handlungen jetzt nicht gewußt werden können. Nur dann könnten wir sie wissen, wenn die Kausalität eine *innere* Notwendigkeit wäre, wie die des logischen Schlusses. – Der Zusammenhang von Wissen und Gewußtem ist der der logischen Notwendigkeit.

(»A weiß, daß p der Fall ist« ist sinnlos, wenn p eine Tautologie ist.)

5.1363 Wenn daraus, daß ein Satz uns einleuchtet, nicht *folgt*, daß er wahr ist, so ist das Einleuchten auch keine Rechtfertigung für unseren Glauben an seine Wahrheit.

5.14 Folgt ein Satz aus einem anderen, so sagt dieser mehr als jener, jener weniger als dieser.

5.141 Folgt p aus q und q aus p, so sind sie ein und derselbe Satz.

5.142 Die Tautologie folgt aus allen Sätzen: Sie sagt Nichts.

5.143 Die Kontradiktion ist das Gemeinsame der Sätze, was *kein* Satz mit einem anderen gemein hat. Die Tautologie ist das Gemeinsame aller Sätze, welche nichts mit einander gemein haben.

Die Kontradiktion verschwindet sozusagen außerhalb, die Tautologie innerhalb aller Sätze.

Die Kontradiktion ist die äußere Grenze der Sätze, die Tautologie ist ihr substanzloser Mittelpunkt.

5.15 Ist W_r die Anzahl der Wahrheitsgründe des Satzes »r«, W_{rs} die Anzahl derjenigen Wahrheitsgründe des Satzes »s«, die zugleich Wahrheitsgründe von »r« sind, dann nennen wir das Verhältnis: $W_{rs}:W_r$ das Maß der *Wahrscheinlichkeit*, welche der Satz »r« dem Satz »s« gibt.

5.151 Sei in einem Schema wie dem obigen in Nr. 5.101 W_r die Anzahl der »W« im Satze r; W_{rs} die Anzahl derjenigen »W« im Satze s, die in gleichen Kolonnen mit »W« des Satzes r stehen. Der Satz r gibt dann dem Satze s die Wahrscheinlichkeit: W_{rs}:W_r

5.1511 Es gibt keinen besonderen Gegenstand, der den Wahrscheinlichkeitssätzen eigen wäre.

5.152 Sätze, welche keine Wahrheitsargumente mit einander gemein haben, nennen wir von einander unabhängig.

Zwei Elementarsätze geben einander die Wahrscheinlichkeit ½.

Folgt p aus q, so gibt der Satz »q« dem Satz »p« die Wahrscheinlichkeit 1.

Die Gewißheit des logischen Schlusses ist ein Grenzfall der Wahrscheinlichkeit.

(Anwendung auf Tautologie und Kontradiktion.)

5.153 Ein Satz ist an sich weder wahrscheinlich noch unwahrscheinlich. Ein Ereignis trifft ein, oder es trifft nicht ein, ein Mittelding gibt es nicht.

5.154 In einer Urne seien gleichviel weiße und schwarze Kugeln (und keine anderen). Ich ziehe eine Kugel nach der anderen und lege sie wieder in die Urne zurück. Dann kann ich durch den Versuch feststellen, daß sich die Zahlen der gezogenen schwarzen und weißen Kugeln bei fortgesetztem Ziehen einander nähern.

Das ist also kein mathematisches Faktum.

Wenn ich nun sage: Es ist gleich wahrscheinlich, daß ich eine weiße Kugel wie eine schwarze ziehen werde, so heißt das: Alle mir bekannten Umstände (die hypothetisch angenommenen Naturgesetze mitinbegriffen) geben dem Eintreffen des einen Ereignisses nicht *mehr* Wahrscheinlichkeit als dem Eintreffen des anderen. Das heißt, sie geben – wie aus den obigen Erklärungen leicht zu entnehmen ist – jedem die Wahrscheinlichkeit ½.

Was ich durch den Versuch bestätige ist, daß das Eintreffen der beiden Ereignisse von den Umständen, die ich nicht näher kenne, unabhängig ist.

5.155 Die Einheit des Wahrscheinlichkeitssatzes ist: Die Umstände – die ich sonst nicht weiter kenne – geben dem Eintreffen eines bestimmten Ereignisses den und den Grad der Wahrscheinlichkeit.

5.156 So ist die Wahrscheinlichkeit eine Verallgemeinerung.

Sie involviert eine allgemeine Beschreibung einer Satzform.

Nur in Ermangelung der Gewißheit gebrauchen wir die Wahrscheinlichkeit. – Wenn wir zwar eine Tatsache nicht vollkommen kennen, wohl aber *etwas* über ihre Form wissen.

(Ein Satz kann zwar ein unvollständiges Bild einer gewissen Sachlage sein, aber er ist immer *ein* vollständiges Bild.)

Der Wahrscheinlichkeitssatz ist gleichsam ein Auszug aus anderen Sätzen.

5.2 Die Strukturen der Sätze stehen in internen Beziehungen zu einander.

5.21 Wir können diese internen Beziehungen dadurch in unserer Ausdrucksweise hervorheben, daß wir einen Satz als Resultat einer Operation darstellen, die ihn aus anderen Sätzen (den Basen der Operation) hervorbringt.

5.22 Die Operation ist der Ausdruck einer Beziehung zwischen den Strukturen ihres Resultats und ihrer Basen.

5.23 Die Operation ist das, was mit dem einen Satz geschehen muß, um aus ihm den anderen zu machen.

5.231 Und das wird natürlich von ihren formalen Eigenschaften, von der internen Ähnlichkeit ihrer Formen abhängen.

5.232 Die interne Relation, die eine Reihe ordnet, ist äquivalent mit der Operation, durch welche ein Glied aus dem anderen entsteht.

5.233 Die Operation kann erst dort auftreten, wo ein Satz auf logisch bedeutungsvolle Weise aus einem anderen entsteht. Also dort, wo die logische Konstruktion des Satzes anfängt.

5.234 Die Wahrheitsfunktionen der Elementarsätze sind Resultate von Operationen, die die Elementarsätze als Basen haben. (Ich nenne diese Operationen Wahrheitsoperationen.)

5.2341 Der Sinn einer Wahrheitsfunktion von p ist eine Funktion des Sinnes von p.

Verneinung, logische Addition, logische Multiplikation, etc., etc. sind Operationen.

(Die Verneinung verkehrt den Sinn des Satzes.)

5.24 Die Operation zeigt sich in einer Variablen; sie zeigt, wie man von einer Form von Sätzen zu einer anderen gelangen kann.

Sie bringt den Unterschied der Formen zum Ausdruck.

(Und das Gemeinsame zwischen den Basen und dem Resultat der Operation sind eben die Basen.)

5.241 Die Operation kennzeichnet keine Form, sondern nur den Unterschied der Formen.

5.242 Dieselbe Operation, die »q« aus »p« macht, macht aus »q« »r«, u. s. f..

Dies kann nur darin ausgedrückt sein, daß »p«, »q«, »r«, etc. Variable sind, die gewisse formale Relationen allgemein zum Ausdruck bringen.

5.25 Das Vorkommen der Operation charakterisiert den Sinn des Satzes nicht.

Die Operation sagt ja nichts aus, nur ihr Resultat; und dies hängt von den Basen der Operation ab.

(Operation und Funktion dürfen nicht mit einander verwechselt werden.)

5.251 Eine Funktion kann nicht ihr eigenes Argument sein, wohl aber kann das Resultat einer Operation ihre eigene Basis werden.

5.252 Nur so ist das Fortschreiten von Glied zu Glied in einer Formenreihe (von Type zu Type in den Hierarchien Russells und Whiteheads) möglich.

(Russell und Whitehead haben die Möglichkeit dieses Fortschreitens nicht zugegeben, aber immer wieder von ihr Gebrauch gemacht.)

5.2521 Die fortgesetzte Anwendung einer Operation auf ihr eigenes Resultat nenne ich ihre sukzessive Anwendung. (»O'O'O'a« ist das Resultat der dreimaligen sukzessiven Anwendung von »O'ξ« auf »a«.)

In einem ähnlichen Sinne rede ich von der sukzessiven Anwendung *mehrerer* Operationen auf eine Anzahl von Sätzen.

5.2522 Das allgemeine Glied einer Formenreihe a, O'a, O'O'a, ... schreibe ich daher so: »[a, x, O'x]«. Dieser Klammerausdruck ist eine Variable. Das erste Glied des Klammerausdruckes ist der Anfang der Formenreihe, das zweite die Form eines beliebigen Gliedes x der Reihe und das dritte die Form desjenigen Gliedes der Reihe, welches auf x unmittelbar folgt.

5.2523 Der Begriff der sukzessiven Anwendung der Operation ist äquivalent mit dem Begriff »und so weiter«.

5.253 Eine Operation kann die Wirkung einer anderen rückgängig machen.

Operationen können einander aufheben.

5.254 Die Operation kann verschwinden. (Z. B. die Verneinung in »~~p«; ~~p = p.)

5.3 Alle Sätze sind Resultate von Wahrheitsoperationen mit den Elementarsätzen.

Die Wahrheitsoperation ist die Art und Weise, wie aus den Elementarsätzen die Wahrheitsfunktion entsteht.

Nach dem Wesen der Wahrheitsoperation wird auf die gleiche Weise, wie aus den Elementarsätzen ihre Wahrheitsfunktion, aus Wahrheitsfunktionen eine Neue. Jede Wahrheitsoperation erzeugt aus Wahrheitsfunktionen von Elementarsätzen wieder eine Wahrheitsfunktion von Elementarsätzen, einen Satz. Das Resultat jeder Wahrheitsoperation mit den Resultaten von Wahrheitsoperationen mit Elementarsätzen ist wieder das Resultat *Einer* Wahrheitsoperation mit Elementarsätzen.

Jeder Satz ist das Resultat von Wahrheitsoperationen mit Elementarsätzen.

5.31 Die Schemata in Nr. 4.31 haben auch dann eine Bedeutung, wenn »p«, »q«, »r«, etc. nicht Elementarsätze sind.

Und es ist leicht zu sehen, daß das Satzzeichen in Nr. 4.442, auch wenn »p« und »q« Wahrheitsfunktionen von Elementarsätzen sind, Eine Wahrheitsfunktion von Elementarsätzen ausdrückt.

5.32 Alle Wahrheitsfunktionen sind Resultate der sukzessiven Anwendung einer endlichen Anzahl von Wahrheitsoperationen auf die Elementarsätze.

5.4 Hier zeigt es sich, daß es »logische Gegenstände«, »logische Konstante« (im Sinne Freges und Russells) nicht gibt.

5.41 Denn: Alle Resultate von Wahrheitsoperationen mit Wahrheitsfunktionen sind identisch, welche eine und dieselbe Wahrheitsfunktion von Elementarsätzen sind.

5.42 Daß v, ⊃, etc. nicht Beziehungen im Sinne von rechts und links etc. sind, leuchtet ein.

Die Möglichkeit des kreuzweisen Definierens der logischen »Urzeichen« Freges und Russells zeigt schon, daß diese keine Urzeichen sind; und schon erst recht, daß sie keine Relationen bezeichnen.

Und es ist offenbar, daß das »⊃«, welches wir durch »~« und »v« definieren, identisch ist mit dem, durch welches wir »v« mit »~«definieren und daß dieses »v« mit dem ersten identisch ist. U. s. w..

5.43 Daß aus einer Tatsache p unendlich viele *andere* folgen sollten, nämlich ~~p, ~~~~p, etc., ist doch von vornherein kaum zu glauben.

Und nicht weniger merkwürdig ist, daß die

unendliche Anzahl der Sätze der Logik (der Mathematik) aus einem halben Dutzend »Grundgesetzen« folgen.

Alle Sätze der Logik sagen aber dasselbe. Nämlich Nichts.

5.44 Die Wahrheitsfunktionen sind keine materiellen Funktionen.

Wenn man z. B. eine Bejahung durch doppelte Verneinung erzeugen kann, ist dann die Verneinung – in irgend einem Sinne – in der Bejahung enthalten? Verneint »~~p« ~p, oder bejaht es p; oder beides?

Der Satz »~~p« handelt nicht von der Verneinung wie von einem Gegenstand; wohl aber ist die Möglichkeit der Verneinung in der Bejahung bereits präjudiziert.

Und gäbe es einen Gegenstand, der »~« hieße, so müßte »~~p« etwas anderes sagen als »p«. Denn der eine Satz würde dann eben von ~ handeln, der andere nicht.

5.441 Dieses Verschwinden der scheinbaren logischen Konstanten tritt auch ein, wenn »~(∃x).~fx« dasselbe sagt wie »(x).fx«, oder »(∃x).fx.x = a« dasselbe wie »fa«.

5.442 Wenn uns ein Satz gegeben ist, so sind *mit ihm* auch schon die Resultate aller Wahrheitsoperationen, die ihn zur Basis haben, gegeben.

5.45 Gibt es logische Urzeichen, so muß eine richtige Logik ihre Stellung zu einander klar machen und ihr Dasein rechtfertigen. Der Bau der Logik *aus* ihren Urzeichen muß klar werden.

5.451 Hat die Logik Grundbegriffe, so müssen sie von einander unabhängig sein. Ist ein Grundbegriff eingeführt, so muß er in allen Verbindungen eingeführt sein, worin er überhaupt vorkommt. Man kann ihn also nicht zuerst für *eine* Verbindung, dann noch einmal für eine andere einführen. Z. B.: Ist die Verneinung eingeführt, so müssen wir sie jetzt in Sätzen von der Form »~p« ebenso verstehen, wie in Sätzen wie »~(pvq)«, »(∃x).~fx«, u. a.. Wir dürfen sie nicht erst für die eine Klasse von Fällen, dann für die andere einführen, denn es bliebe dann zweifelhaft, ob ihre Bedeutung in beiden Fällen die gleiche wäre und es wäre kein Grund vorhanden, in beiden Fällen dieselbe Art der Zeichenverbindung zu benützen.

(Kurz, für die Einführung der Urzeichen gilt, mutatis mutandis, dasselbe, was Frege (»Grundgesetze der Arithmetik«) für die Einführung von Zeichen durch Definitionen gesagt hat.)

5.452 Die Einführung eines neuen Behelfes in den Symbolismus der Logik muß immer ein folgenschweres Ereignis sein. Kein neuer Behelf darf in die Logik – sozusagen, mit ganz unschuldiger Miene – in Klammern oder unter dem Striche eingeführt werden.

(So kommen in den »Principia Mathematica« von Russell und Whitehead Definitionen und Grundgesetze in Worten vor. Warum hier plötzlich Worte? Dies bedürfte einer Rechtfertigung. Sie fehlt und muß fehlen, da das Vorgehen tatsächlich unerlaubt ist.)

Hat sich aber die Einführung eines neuen Behelfes an einer Stelle als nötig erwiesen, so muß man sich nun sofort fragen: Wo muß dieser Behelf nun *immer* angewandt werden? Seine Stellung in der Logik muß nun erklärt werden.

5.453 Alle Zahlen der Logik müssen sich rechtfertigen lassen.

Oder vielmehr: Es muß sich herausstellen, daß es in der Logik keine Zahlen gibt.

Es gibt keine ausgezeichneten Zahlen.

5.454 In der Logik gibt es kein Nebeneinander, kann es keine Klassifikation geben.

In der Logik kann es nicht Allgemeineres und Spezielleres geben.

5.4541 Die Lösungen der logischen Probleme müssen einfach sein, denn sie setzen den Standard der Einfachheit.

Die Menschen haben immer geahnt, daß es ein Gebiet von Fragen geben müsse, deren Antworten – a priori – symmetrisch und zu einem abgeschlossenen, regelmäßigen Gebilde vereint-liegen.

Ein Gebiet, in dem der Satz gilt: Simplex sigillum veri.

5.46 Wenn man die logischen Zeichen richtig einführte, so hätte man damit auch schon den Sinn aller ihrer Kombinationen eingeführt; also nicht nur »pvq« sondern auch schon »~(pv~q)«, etc. etc.. Man hätte damit auch schon die Wirkung aller nur möglichen Kombinationen von Klammern eingeführt. Und damit wäre es klar geworden, daß die eigentlichen allgemeinen Urzeichen nicht die »pvq«, »(∃x).fx«, etc. sind, sondern die allgemeinste Form ihrer Kombinationen.

5.461 Bedeutungsvoll ist die scheinbar unwichtige Tatsache, daß die logischen Scheinbeziehungen, wie v und ⊃, der Klammern bedürfen – im Gegensatz zu den wirklichen Beziehungen.

Die Benützung der Klammern mit jenen scheinbaren Urzeichen deutet ja schon darauf hin, daß diese nicht die wirklichen Urzeichen sind. Und es wird doch wohl niemand glauben, daß die Klammern eine selbständige Bedeutung haben.

5.4611 Die logischen Operationszeichen sind Interpunktionen.

5.47 Es ist klar, daß alles, was sich überhaupt *von vornherein* über die Form aller Sätze sagen läßt, sich *auf einmal* sagen lassen muß.

Sind ja schon im Elementarsatze alle logischen Operationen enthalten. Denn »fa« sagt dasselbe wie »(∃x).fx.x = a«.

Wo Zusammengesetztheit ist, da ist Argument und Funktion, und wo diese sind, sind bereits alle logischen Konstanten.

Man könnte sagen: Die Eine logische Konstante ist das, was *alle* Sätze, ihrer Natur nach, mit einander gemein haben.

Das aber ist die allgemeine Satzform.

5.471 Die allgemeine Satzform ist das Wesen des Satzes.

5.4711 Das Wesen des Satzes angeben, heißt, das Wesen aller Beschreibung angeben, also das Wesen der Welt.

5.472 Die Beschreibung der allgemeinsten Satzform ist die Beschreibung des einen und einzigen allgemeinen Urzeichens der Logik.

5.473 Die Logik muß für sich selber sorgen.

Ein *mögliches* Zeichen muß auch bezeichnen können. Alles was in der Logik möglich ist, ist auch erlaubt. (»Sokrates ist identisch« heißt darum nichts, weil es keine Eigenschaft gibt, die »identisch« heißt. Der Satz ist unsinnig, weil wir eine willkürliche Bestimmung nicht getroffen haben, aber nicht darum, weil das Symbol an und für sich unerlaubt wäre.)

Wir können uns, in gewissem Sinne, nicht in der Logik irren.

5.4731 Das Einleuchten, von dem Russell so viel sprach, kann nur dadurch in der Logik entbehrlich werden, daß die Sprache selbst jeden logischen Fehler verhindert. – Daß die Logik a priori ist, besteht darin, daß nicht unlogisch gedacht werden *kann*.

5.4732 Wir können einem Zeichen nicht den unrechten Sinn geben.

5.47321 Occams Devise ist natürlich keine willkürliche, oder durch ihren praktischen Erfolg gerechtfertigte, Regel: Sie besagt, daß *unnötige* Zeicheneinheiten nichts bedeuten.

Zeichen, die *Einen* Zweck erfüllen, sind logisch äquivalent, Zeichen, die *keinen* Zweck erfüllen, logisch bedeutungslos.

5.4733 Frege sagt: Jeder rechtmäßig gebildete Satz muß einen Sinn haben; und ich sage: Jeder mögliche Satz ist rechtmäßig gebildet, und wenn er keinen Sinn hat, so kann das nur daran liegen, daß wir einigen seiner Bestandteile keine Bedeutung *gegeben* haben. (Wenn wir auch glauben, es getan zu haben.)

So sagt »Sokrates ist identisch« darum nichts, weil wir dem Wort »identisch« als *Eigenschaftswort* keine Bedeutung gegeben haben. Denn, wenn es als Gleichheitszeichen auftritt, so symbolisiert es auf ganz andere Art und Weise – die bezeichnende Beziehung ist eine andere –, also ist auch das Symbol in beiden Fällen ganz verschieden; die beiden Symbole haben nur das Zeichen zufällig mit einander gemein.

5.474 Die Anzahl der nötigen Grundoperationen hängt *nur* von unserer Notation ab.

5.475 Es kommt nur darauf an, ein Zeichensystem von einer bestimmten Anzahl von Dimensionen – von einer bestimmten mathematischen Mannigfaltigkeit – zu bilden.

5.476 Es ist klar, daß es sich hier nicht um eine *Anzahl von Grundbegriffen* handelt, die bezeichnet werden müssen, sondern um den Ausdruck einer Regel.

5.5 Jede Wahrheitsfunktion ist ein Resultat der sukzessiven Anwendung der Operation (– – – – – W)(ξ, ...) auf Elementarsätze.

Diese Operation verneint sämtliche Sätze in der rechten Klammer und ich nenne sie die Negation dieser Sätze.

5.501 Einen Klammerausdruck, dessen Glieder Sätze sind, deute ich – wenn die Reihenfolge der Glieder in der Klammer gleichgültig ist – durch ein Zeichen von der Form »$(\bar{\xi})$« an. »ξ« ist eine Variable, deren Werte die Glieder des Klammerausdruckes sind; und der Strich über der Variablen deutet an, daß sie ihre sämtlichen Werte in der Klammer vertritt.

(Hat also ξ etwa die 3 Werte p, q, r, so ist $(\bar{\xi}) = (p,q,r)$.)

Die Werte der Variablen werden festgesetzt.

Die Festsetzung ist die Beschreibung der Sätze, welche die Variable vertritt.

Wie die Beschreibung der Glieder des Klammerausdruckes geschieht, ist unwesentlich.

Wir *können* drei Arten der Beschreibung unterscheiden: 1.) Die direkte Aufzählung. In diesem Fall können wir statt der Variablen einfach ihre konstanten Werte setzen. 2.) Die Angabe einer Funktion fx, deren Werte für alle Werte von x die zu beschreibenden Sätze sind. 3.) Die Angabe eines formalen Gesetzes, nach welchem jene Sätze gebildet sind. In diesem Fall sind die Glieder des Klammerausdruckes sämtliche Glieder einer Formenreihe.

5.502 Ich schreibe also statt »$(-----W)(\xi, \ldots .)$« »$N(\bar{\xi})$«.

$N(\bar{\xi})$ ist die Negation sämtlicher Werte der Satzvariablen ξ.

5.503 Da sich offenbar leicht ausdrücken läßt, wie mit dieser Operation Sätze gebildet werden können und wie Sätze mit ihr nicht zu bilden sind, so muß dies auch einen exakten Ausdruck finden können.

5.51 Hat ξ nur einen Wert, so ist $N(\bar{\xi}) = {\sim}p$ (nicht p), hat es zwei Werte, so ist $N(\bar{\xi}) = {\sim}p.{\sim}q$ (weder p, noch q).

5.511 Wie kann die allumfassende, weltspiegelnde Logik so spezielle Haken und Manipulationen gebrauchen? Nur, indem sich alle diese zu einem unendlich feinen Netzwerk, zu dem großen Spiegel, verknüpfen.

5.512 »~p« ist wahr, wenn »p« falsch ist. Also in dem wahren Satz »~p« ist »p« ein falscher Satz. Wie kann ihn nun der Strich »~« mit der Wirklichkeit zum Stimmen bringen?

Das, was in »~p« verneint, ist aber nicht das »~«, sondern dasjenige, was allen Zeichen dieser Notation, welche p verneinen, gemeinsam ist.

Also die gemeinsame Regel, nach welcher »~p«, »~~~p«, »~pv~p«, »~p.~p«, etc. etc. (ad inf.) gebildet werden. Und dies Gemeinsame spiegelt die Verneinung wider.

5.513 Man könnte sagen: Das Gemeinsame aller Symbole, die sowohl p als auch q bejahen, ist der Satz »p.q«. Das Gemeinsame aller Symbole, die p oder q bejahen, ist der Satz »pvq«.

Und so kann man sagen: Zwei Sätze sind einander entgegengesetzt, wenn sie nichts mit einander gemein haben, und: Jeder Satz hat nur ein Negativ, weil es nur einen Satz gibt, der ganz außerhalb seiner liegt.

Es zeigt sich so auch in Russells Notation, daß »q:pv~p« dasselbe sagt wie »q«. Daß »pv~p« nichts sagt.

5.514 Ist eine Notation festgelegt, so gibt es in ihr eine Regel, nach der alle p verneinenden Sätze gebildet werden, eine Regel, nach der alle p bejahenden Sätze gebildet werden, eine Regel, nach der alle p oder q bejahenden Sätze gebildet werden, u.s.f.. Diese Regeln sind den Symbolen äquivalent und in ihnen spiegelt sich ihr Sinn wider.

5.515 Es muß sich an unseren Symbolen zeigen, daß das, was durch »v«, ».«, etc. mit einander verbunden ist, Sätze sein müssen.

Und dies ist auch der Fall, denn die Symbole »p« und »q« setzen ja selbst das »v«, »~«, etc. voraus. Wenn das Zeichen »p« in »pvq« nicht für ein komplexes Zeichen steht, dann kann es allein nicht Sinn haben; dann können aber auch die mit »p« gleichsinnigen Zeichen »pvp«, »p.p«, etc. keinen Sinn haben. Wenn aber »pvp« keinen Sinn hat, dann kann auch »pvq« keinen Sinn haben.

5.5151 Muß das Zeichen des negativen Satzes mit dem Zeichen des positiven gebildet werden? Warum sollte man den negativen Satz nicht durch eine negative Tatsache ausdrücken können. (Etwa: Wenn »a« nicht in einer bestimmten Beziehung zu »b« steht, könnte das ausdrücken, daß aRb nicht der Fall ist.)

Aber auch hier ist ja der negative Satz indirekt durch den positiven gebildet.

Der positive *Satz* muß die Existenz des negativen *Satzes* voraussetzen, und umgekehrt.

5.52 Sind die Werte von ξ sämtliche Werte einer Funktion fx für alle Werte von x, so wird $N(\bar{\xi}) = \sim(\exists x).fx$.

5.521 Ich trenne den Begriff *Alle* von der Wahrheitsfunktion.

Frege und Russell haben die Allgemeinheit in Verbindung mit dem logischen Produkt oder der logischen Summe eingeführt. So wurde es schwer, die Sätze »(∃x).fx« und »(x).fx«, in welchen beide Ideen beschlossen liegen, zu verstehen.

5.522 Das Eigentümliche der Allgemeinheitsbezeichnung ist erstens, daß sie auf ein logisches Urbild hinweist; und zweitens, daß sie Konstante hervorhebt.

5.523 Die Allgemeinheitsbezeichnung tritt als Argument auf.

5.524 Wenn die Gegenstände gegeben sind, so sind uns damit auch schon *alle* Gegenstände gegeben.

Wenn die Elementarsätze gegeben sind, so sind damit auch *alle* Elementarsätze gegeben.

5.525 Es ist unrichtig, den Satz »(∃x).fx« – wie Russell dies tut – in Worten durch »fx ist *möglich*« wiederzugeben.

Gewißheit, Möglichkeit, oder Unmöglichkeit einer Sachlage wird nicht durch einen Satz ausgedrückt, sondern dadurch, daß ein Ausdruck eine Tautologie, ein sinnvoller Satz, oder eine Kontradiktion ist.

Jener Präzedenzfall, auf den man sich immer berufen möchte, muß schon im Symbol selber liegen.

5.526 Man kann die Welt vollständig durch vollkommen verallgemeinerte Sätze beschreiben; das heißt also, ohne irgend einen Namen von vornherein einem bestimmten Gegenstand zuzuordnen.

Um dann auf die gewöhnliche Ausdrucksweise zu kommen, muß man einfach nach einem Ausdruck »es gibt ein und nur ein x, welches ...« sagen: und dies x ist a.

5.5261 Ein vollkommen verallgemeinerter Satz ist, wie jeder andere Satz, zusammengesetzt. (Dies zeigt sich daran, daß wir in »(∃x,f).fx« »f« und »x« getrennt erwähnen müssen. Beide stehen unabhängig in bezeichnenden Beziehungen zur Welt, wie im unverallgemeinerten Satz.)

Kennzeichen des zusammengesetzten Symbols: Es hat etwas mit *anderen* Symbolen gemeinsam.

5.5262 Es verändert ja die Wahr- oder Falschheit *jedes* Satzes etwas am allgemeinen Bau der Welt. Und der Spielraum, welcher ihrem Bau durch die Gesamtheit der Elementarsätze gelassen wird, ist eben derjenige, welchen die ganz allgemeinen Sätze begrenzen.

(Wenn ein Elementarsatz wahr ist, so ist damit doch jedenfalls Ein Elementarsatz *mehr* wahr.)

5.53 Gleichheit des Gegenstandes drücke ich durch Gleichheit des Zeichens aus, und nicht mit Hilfe eines Gleichheitszeichens. Verschiedenheit der Gegenstände durch Verschiedenheit der Zeichen.

5.5301 Daß die Identität keine Relation zwischen Gegenständen ist, leuchtet ein.

Dies wird sehr klar, wenn man z.B. den Satz »(x):fx.⊃.x = a« betrachtet. Was dieser Satz sagt, ist einfach, daß *nur* a der Funktion f genügt, und nicht, daß nur solche Dinge der Funktion f genügen, welche eine gewisse Beziehung zu a haben.

Man könnte nun freilich sagen, daß eben *nur* a diese Beziehung zu a habe, aber um dies auszudrücken, brauchten wir das Gleichheitszeichen selber.

5.5302 Russells Definition von »=« genügt nicht; weil man nach ihr nicht sagen kann, daß zwei Gegenstände alle Eigenschaften gemeinsam haben. (Selbst wenn dieser Satz nie richtig ist, hat er doch *Sinn.*)

5.5303 Beiläufig gesprochen: Von *zwei* Dingen zu sagen, sie seien identisch, ist ein Unsinn, und von *Einem* zu sagen, es sei identisch mit sich selbst, sagt gar nichts.

5.531 Ich schreibe also nicht »f(a,b).a = b«, sondern »f(a,a)« [oder »f(b,b)«].

Und nicht »f(a,b).a ≠ b«, sondern »f(a,b)«.

5.532 Und analog:

Nicht »(∃x,y).f(x,y).x = y«, sondern »(∃x). f(x,x)«; und nicht »(∃x,y).f(x,y).x ≠ y«, sondern »(∃x,y).f(x,y)«.

(Also statt des Russellschen »(∃x,y).f(x,y)«:
»(∃x,y).f(x,y).v.(∃x).f(x,x)«.)

5.5321 Statt »$(x):fx.\supset.x = a$« schreiben wir also z. B.

»$(\exists x).fx.\supset.fa:\sim(\exists x,y).fx.fy$«.

Und der Satz »*nur* Ein x befriedigt f« lautet:

»$(\exists x).fx:\sim(\exists x,y).fx.fy$«.

5.533 Das Gleichheitszeichen ist also kein wesentlicher Bestandteil der Begriffsschrift.

5.534 Und nun sehen wir, daß Scheinsätze wie: »$a = a$«, »$a = b.b = c.\supset.a = c$«, »$(x).x = x$«, »$(\exists x).x = a$«, etc. sich in einer richtigen Begriffsschrift gar nicht hinschreiben lassen.

5.535 Damit erledigen sich auch alle Probleme, die an solche Scheinsätze geknüpft waren.

Alle Probleme, die Russells »Axiom of infinity« mit sich bringt, sind schon hier zu lösen.

Das, was das Axiom of infinity sagen soll, würde sich in der Sprache dadurch ausdrücken, daß es unendlich viele Namen mit verschiedener Bedeutung gäbe.

5.5351 Es gibt gewisse Fälle, wo man in Versuchung gerät, Ausdrücke von der Form »$a = a$« oder »$p\supset p$« u. dgl. zu benützen. Und zwar geschieht dies, wenn man von dem Urbild: Satz, Ding, etc. reden möchte. So hat Russell in den »Principles of Mathematics« den Unsinn »p ist ein Satz« in Symbolen durch »$p\supset p$« wiedergegeben und als Hypothese vor gewisse Sätze gestellt, damit deren Argumentstellen nur von Sätzen besetzt werden könnten.

(Es ist schon darum Unsinn, die Hypothese $p\supset p$ vor einen Satz zu stellen, um ihm Argumente der richtigen Form zu sichern, weil die Hypothese für einen Nicht-Satz als Argument nicht falsch, sondern unsinnig wird, und weil der Satz selbst durch die unrichtige Gattung von Argumenten unsinnig wird, also sich selbst ebenso gut, oder so schlecht, vor den unrechten Argumenten bewahrt, wie die zu diesem Zweck angehängte sinnlose Hypothese.)

5.5352 Ebenso wollte man »es gibt keine *Dinge*« ausdrücken durch »~(∃x).x = x«. Aber selbst wenn dies ein Satz wäre – wäre er nicht auch wahr, wenn es zwar »Dinge gäbe«, aber diese nicht mit sich selbst identisch wären?

5.54 In der allgemeinen Satzform kommt der Satz im Satze nur als Basis der Wahrheitsoperationen vor.

5.541 Auf den ersten Blick scheint es, als könne ein Satz in einem anderen auch auf andere Weise vorkommen.

Besonders in gewissen Satzformen der Psychologie, wie »A glaubt, daß p der Fall ist«, oder »A denkt p«, etc..

Hier scheint es nämlich oberflächlich, als stünde der Satz p zu einem Gegenstand A in einer Art von Relation.

(Und in der modernen Erkenntnistheorie (Russell, Moore, etc.) sind jene Sätze auch so aufgefaßt worden.)

5.542 Es ist aber klar, daß »A glaubt, daß p«, »A denkt p«, »A sagt p« von der Form »›p‹ sagt p« sind: Und hier handelt es sich nicht um eine Zuordnung von einer Tatsache und einem Gegenstand, sondern um die Zuordnung von Tatsachen durch Zuordnung ihrer Gegenstände.

5.5421 Dies zeigt auch, daß die Seele – das Subjekt, etc. –

wie sie in der heutigen oberflächlichen Psychologie aufgefaßt wird, ein Unding ist.

Eine zusammengesetzte Seele wäre nämlich keine Seele mehr.

5.5422 Die richtige Erklärung der Form des Satzes »A urteilt p« muß zeigen, daß es unmöglich ist, einen Unsinn zu urteilen. (Russells Theorie genügt dieser Bedingung nicht.)

5.5423 Einen Komplex wahrnehmen, heißt, wahrnehmen, daß sich seine Bestandteile so und so zu einander verhalten.

Dies erklärt wohl auch, daß man die Figur

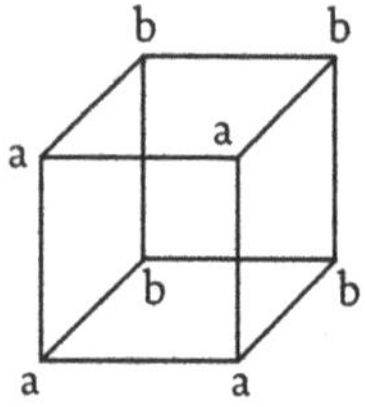

auf zweierlei Art als Würfel sehen kann; und alle ähnlichen Erscheinungen. Denn wir sehen eben wirklich zwei verschiedene Tatsachen.

(Sehe ich erst auf die Ecken a und nur flüchtig auf b, so erscheint a vorne; und umgekehrt.)

5.55 Wir müssen nun die Frage nach allen möglichen Formen der Elementarsätze a priori beantworten.

Der Elementarsatz besteht aus Namen. Da wir aber die Anzahl der Namen von verschiedener Bedeutung nicht angeben können, so können wir auch nicht die Zusammensetzung des Elementarsatzes angeben.

5.551 Unser Grundsatz ist, daß jede Frage, die sich überhaupt durch die Logik entscheiden läßt, sich ohne weiteres entscheiden lassen muß.

(Und wenn wir in die Lage kommen, ein solches Problem durch Ansehen der Welt beantworten zu müssen, so zeigt dies, daß wir auf grundfalscher Fährte sind.)

5.552 Die »Erfahrung«, die wir zum Verstehen der Logik brauchen, ist nicht die, daß sich etwas so und so verhält, sondern, daß etwas *ist*; aber das ist eben *keine* Erfahrung.

Die Logik ist *vor* jeder Erfahrung – daß etwas *so* ist.

Sie ist vor dem Wie, nicht vor dem Was.

5.5521 Und wenn dies nicht so wäre, wie könnten wir die Logik anwenden? Man könnte sagen: Wenn es eine Logik gäbe, auch wenn es keine Welt gäbe, wie könnte es dann eine Logik geben, da es eine Welt gibt.

5.553 Russell sagte, es gäbe einfache Relationen zwischen verschiedenen Anzahlen von Dingen (Individuals). Aber zwischen welchen Anzahlen? Und wie soll sich das entscheiden? – Durch die Erfahrung?

(Eine ausgezeichnete Zahl gibt es nicht.)

5.554 Die Angabe jeder speziellen Form wäre vollkommen willkürlich.

5.5541 Es soll sich a priori angeben lassen, ob ich z. B. in die Lage kommen kann, etwas mit dem Zeichen einer 27-stelligen Relation bezeichnen zu müssen.

5.5542 Dürfen wir aber überhaupt so fragen? Können wir eine Zeichenform aufstellen und nicht wissen, ob ihr etwas entsprechen könne?

Hat die Frage einen Sinn: Was muß *sein*, damit etwas der-Fall-sein kann?

5.555 Es ist klar, wir haben vom Elementarsatz einen Begriff, abgesehen von seiner besonderen logischen Form.

Wo man aber Symbole nach einem System bilden kann, dort ist dieses System das logisch Wichtige und nicht die einzelnen Symbole.

Und wie wäre es auch möglich, daß ich es in der Logik mit Formen zu tun hätte, die ich erfinden kann; sondern mit dem muß ich es zu tun haben, was es mir möglich macht, sie zu erfinden.

5.556 Eine Hierarchie der Formen der Elementarsätze kann es nicht geben.

Nur was wir selbst konstruieren, können wir voraussehen.

5.5561 Die empirische Realität ist begrenzt durch die Gesamtheit der Gegenstände.

Die Grenze zeigt sich wieder in der Gesamtheit der Elementarsätze.

Die Hierarchien sind, und müssen unabhängig von der Realität sein.

5.5562 Wissen wir aus rein logischen Gründen, daß es Elementarsätze geben muß, dann muß es jeder wissen, der die Sätze in ihrer unanalysierten Form versteht.

5.5563 Alle Sätze unserer Umgangssprache sind tatsächlich, so wie sie sind, logisch vollkommen geordnet. – Jenes Einfachste, was wir hier angeben sollen, ist nicht ein Gleichnis der Wahrheit, sondern die volle Wahrheit selbst.

(Unsere Probleme sind nicht abstrakt, sondern vielleicht die konkretesten, die es gibt.)

5.557 Die *Anwendung* der Logik entscheidet darüber, welche Elementarsätze es gibt.

Was in der Anwendung liegt, kann die Logik nicht vorausnehmen.

Das ist klar: Die Logik darf mit ihrer Anwendung nicht kollidieren.

Aber die Logik muß sich mit ihrer Anwendung berühren.

Also dürfen die Logik und ihre Anwendung einander nicht übergreifen.

5.5571 Wenn ich die Elementarsätze nicht a priori angeben kann, dann muß es zu offenbarem Unsinn führen, sie angeben zu wollen.

5.6 *Die Grenzen meiner Sprache* bedeuten die Grenzen meiner Welt.

5.61 Die Logik erfüllt die Welt; die Grenzen der Welt sind auch ihre Grenzen.

Wir können also in der Logik nicht sagen: Das und das gibt es in der Welt, jenes nicht.

Das würde nämlich scheinbar voraussetzen, daß wir gewisse Möglichkeiten ausschließen und dies kann nicht der Fall sein, da sonst die Logik über die Grenzen der Welt hinaus müßte; wenn sie nämlich diese Grenzen auch von der anderen Seite betrachten könnte.

Was wir nicht denken können, das können wir nicht denken; wir können also auch nicht *sagen*, was wir nicht denken können.

5.62 Diese Bemerkung gibt den Schlüssel zur Entscheidung der Frage, inwieweit der Solipsismus eine Wahrheit ist.

Was der Solipsismus nämlich *meint*, ist ganz richtig, nur läßt es sich nicht *sagen*, sondern es zeigt sich.

Daß die Welt *meine* Welt ist, das zeigt sich darin, daß die Grenzen *der* Sprache (der Sprache, die allein ich verstehe) die Grenzen *meiner* Welt bedeuten.

5.621 Die Welt und das Leben sind Eins.

5.63 Ich bin meine Welt. (Der Mikrokosmos.)

5.631 Das denkende, vorstellende, Subjekt gibt es nicht.

Wenn ich ein Buch schriebe »Die Welt, wie ich sie vorfand«, so wäre darin auch über meinen Leib zu berichten und zu sagen, welche Glieder meinem Willen unterstehen und welche nicht, etc.. Dies ist nämlich eine Methode, das Subjekt zu isolieren, oder vielmehr, zu zeigen, daß es in einem wichtigen Sinne kein Subjekt gibt: Von ihm allein nämlich könnte in diesem Buche *nicht* die Rede sein. –

5.632 Das Subjekt gehört nicht zur Welt, sondern es ist eine Grenze der Welt.

5.633 Wo *in* der Welt ist ein metaphysisches Subjekt zu merken?

Du sagst, es verhält sich hier ganz, wie mit Auge und Gesichtsfeld. Aber das Auge siehst du wirklich *nicht*.

Und nichts *am Gesichtsfeld* läßt darauf schließen, daß es von einem Auge gesehen wird.

5.6331 Das Gesichtsfeld hat nämlich nicht etwa eine solche Form:

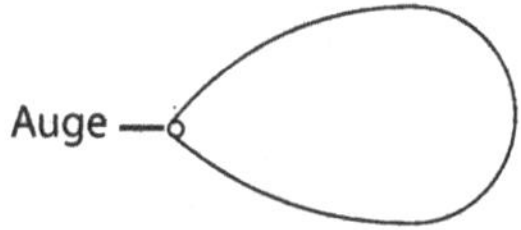

5.634 Das hängt damit zusammen, daß kein Teil unserer Erfahrung a priori ist.

Alles was wir sehen, könnte auch anders sein.

Alles was wir überhaupt beschreiben können, könnte auch anders sein.

Es gibt keine Ordnung der Dinge a priori.

5.64 Hier sieht man, daß der Solipsismus, streng durchgeführt, mit dem reinen Realismus zusammenfällt. Das Ich des Solipsismus schrumpft zum ausdehnungslosen Punkt zusammen, und es bleibt die ihm koordinierte Realität.

5.641 Es gibt also wirklich einen Sinn, in welchem in der Philosophie nicht-psychologisch vom Ich die Rede sein kann.

Das Ich tritt in die Philosophie dadurch ein, daß die »Welt meine Welt ist«.

Das philosophische Ich ist nicht der Mensch, nicht der menschliche Körper, oder die menschliche Seele, von der die Psychologie handelt, sondern das metaphysische Subjekt, die Grenze – nicht ein Teil – der Welt.

6 Die allgemeine Form der Wahrheitsfunktion ist:

$[\bar{p}, \bar{\xi}, N(\bar{\xi})]$

Dies ist die allgemeine Form des Satzes.

6.001 Dies sagt nichts anderes, als daß jeder Satz ein Resultat der sukzessiven Anwendung der Operation $N'(\bar{\xi})$ auf die Elementarsätze ist.

6.002 Ist die allgemeine Form gegeben, wie ein Satz gebildet ist, so ist damit auch schon die allgemeine Form davon gegeben, wie aus einem Satz durch eine Operation ein anderer erzeugt werden kann.

6.01 Die allgemeine Form der Operation $\Omega'(\bar{\eta})$ ist also:

$$[\bar{\xi}, N(\bar{\xi})]'(\bar{\eta}) \quad (= [\bar{\eta}, \bar{\xi}, N(\bar{\xi})])$$

Das ist die allgemeinste Form des Überganges von einem Satz zum anderen.

6.02 Und *so* kommen wir zu den Zahlen: Ich definiere

$$x = \Omega^{0'}x \text{ Def. } \quad \text{und}$$

$$\Omega'\Omega^{\nu'}x = \Omega^{\nu+1'} \text{ Def.}$$

Nach diesen Zeichenregeln schreiben wir also die Reihe

$$x, \Omega'x, \Omega'\Omega'x, \Omega'\Omega'\Omega'x, \ldots..$$

so: $\quad \Omega^{0'}x, \Omega^{0+1'}x, \Omega^{0+1+1'}x, \Omega^{0+1+1+1'}x, \ldots..$

Also schreibe ich statt »$[x, \xi, \Omega'\xi]$«:

»$[\Omega^{0'}x, \Omega^{\nu'}x, \Omega^{\nu+1'}x]$«.

Und definiere:

$0+1 = 1$ Def.

$0+1+1 = 2$ Def.

$0+1+1+1 = 3$ Def.

(u. s. f.)

6.021 Die Zahl ist der Exponent einer Operation.

6.022 Der Zahlbegriff ist nichts anderes, als das Gemeinsame aller Zahlen, die allgemeine Form der Zahl.

Der Zahlbegriff ist die variable Zahl.

Und der Begriff der Zahlengleichheit ist die allgemeine Form aller speziellen Zahlengleichheiten.

6.03 Die allgemeine Form der ganzen Zahl ist: $[0, \xi, \xi+1]$

6.031 Die Theorie der Klassen ist in der Mathematik ganz überflüssig.

Dies hängt damit zusammen, daß die Allgemeinheit, welche wir in der Mathematik brauchen, nicht die *zufällige* ist.

6.1 Die Sätze der Logik sind Tautologien.

6.11 Die Sätze der Logik sagen also Nichts. (Sie sind die analytischen Sätze.)

6.111 Theorien, die einen Satz der Logik gehaltvoll erscheinen lassen, sind immer falsch. Man könnte z. B. glauben, daß die Worte »wahr« und »falsch« zwei Eigenschaften unter anderen Eigenschaften bezeichnen, und da erschiene es als eine merkwürdige Tatsache, daß jeder Satz eine dieser Eigenschaften besitzt. Das scheint nun nichts weniger als selbstverständlich zu sein, ebensowenig selbstverständlich, wie etwa der Satz »alle Rosen sind entweder gelb oder rot« klänge, auch wenn er wahr wäre. Ja, jener Satz bekommt nun ganz den Charakter eines naturwissenschaftlichen Satzes und dies ist das sichere Anzeichen dafür, daß er falsch aufgefaßt wurde.

6.112 Die richtige Erklärung der logischen Sätze muß ihnen eine einzigartige Stellung unter allen Sätzen geben.

6.113 Es ist das besondere Merkmal der logischen Sätze, daß man am Symbol allein erkennen kann, daß sie wahr sind, und diese Tatsache schließt die ganze Philosophie der Logik in sich. Und so ist es auch eine der wichtigsten Tatsachen, daß sich die Wahrheit oder Falschheit der nicht-logischen Sätze *nicht* am Satz allein erkennen läßt.

6.12 Daß die Sätze der Logik Tautologien sind, das *zeigt* die formalen – logischen – Eigenschaften der Sprache, der Welt.

Daß ihre Bestandteile *so* verknüpft eine Tautologie ergeben, das charakterisiert die Logik ihrer Bestandteile.

Damit Sätze, auf bestimmte Art und Weise verknüpft, eine Tautologie ergeben, dazu müssen sie bestimmte Eigenschaften der Struktur haben. Daß sie *so* verbunden eine Tautologie ergeben, zeigt also, daß sie diese Eigenschaften der Struktur besitzen.

6.1201 Daß z. B. die Sätze »p« und »~p« in der Verbindung »~(p.~p)« eine Tautologie ergeben, zeigt, daß sie einander widersprechen. Daß die Sätze »p⊃q«, »p« und »q« in der Form »(p⊃q).(p):⊃:(q)« mit einander verbunden eine Tautologie ergeben, zeigt, daß q aus p und p⊃q folgt. Daß der Satz »(x).fx:⊃:fa« eine Tautologie ist, zeigt, daß fa aus (x).fx folgt. Etc. etc..

6.1202 Es ist klar, daß man zu demselben Zweck statt der Tautologien auch die Kontradiktionen verwenden könnte.

6.1203 Um eine Tautologie als solche zu erkennen, kann man sich, in den Fällen, in welchen in der Tautologie keine Allgemeinheitsbezeichnung vorkommt, folgender anschaulichen Methode bedienen: Ich schreibe statt »p«, »q«, »r«, etc. »WpF«, »WqF«, »WrF«, etc.. Die Wahrheitskombinationen drücke ich durch Klammern aus, z. B.:

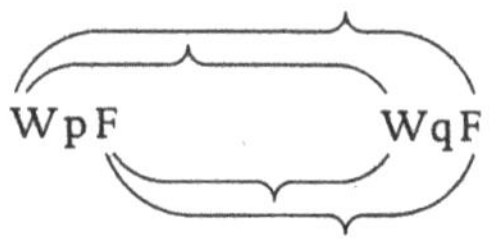

und die Zuordnung der Wahr- oder Falschheit des ganzen Satzes und der Wahrheitskombinationen der Wahrheitsargumente durch Striche auf folgende Weise:

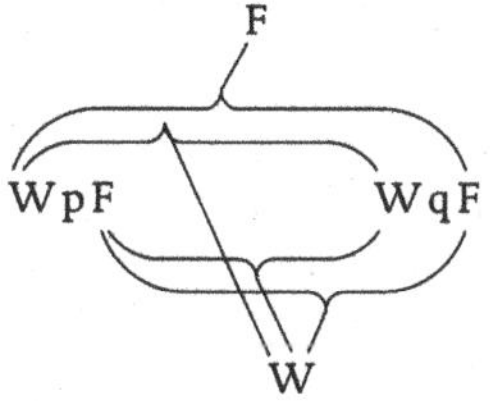

Dies Zeichen würde also z. B. den Satz p⊃q darstellen. Nun will ich z. B. den Satz ~(p.~p) (Gesetz des Widerspruchs) daraufhin untersuchen, ob er eine Tautologie ist. Die Form »~ξ« wird in unserer Notation

geschrieben; die Form »ξ.η« so:

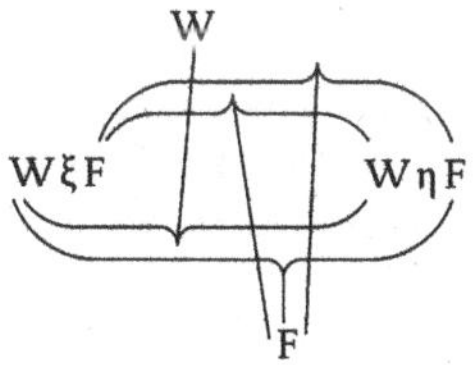

Daher lautet der Satz ~(p.~q) so:

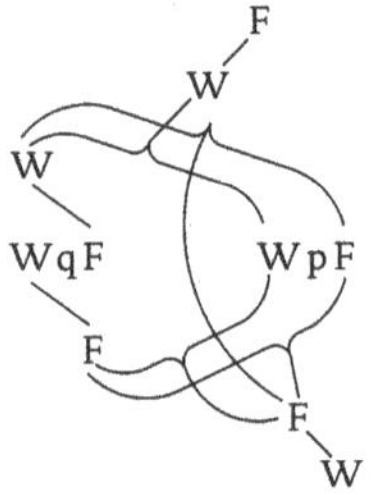

Setzen wir hier statt »q« »p« ein und untersuchen die Verbindung der äußersten W und F mit den innersten, so ergibt sich, daß die Wahrheit des ganzen Satzes *allen* Wahrheitskombinationen seines Argumentes, seine Falschheit *keiner* der Wahrheitskombinationen zugeordnet ist.

6.121 Die Sätze der Logik demonstrieren die logischen Eigenschaften der Sätze, indem sie sie zu nichtssagenden Sätzen verbinden.

Diese Methode könnte man auch eine Nullmethode nennen. Im logischen Satz werden Sätze miteinander ins Gleichgewicht gebracht und der Zustand des Gleichgewichts zeigt dann an, wie diese Sätze logisch beschaffen sein müssen.

6.122 Daraus ergibt sich, daß wir auch ohne die logischen Sätze auskommen können, da wir ja in einer entsprechenden Notation die formalen Eigenschaften der Sätze durch das bloße Ansehen dieser Sätze erkennen können.

6.1221 Ergeben z. B. zwei Sätze »p« und »q« in der Verbindung »$p \supset q$« eine Tautologie, so ist klar, daß q aus p folgt.

Daß z. B. »q« aus »$p \supset q . p$« folgt, ersehen wir aus diesen beiden Sätzen selbst, aber wir können es auch *so* zeigen, indem wir sie zu »$p \supset q . p : \supset : q$« verbinden und nun zeigen, daß dies eine Tautologie ist.

6.1222 Dies wirft ein Licht auf die Frage, warum die logischen Sätze nicht durch die Erfahrung bestätigt werden können, ebensowenig, wie sie durch die Erfahrung widerlegt werden können. Nicht nur muß ein Satz der Logik durch keine mögliche Erfahrung widerlegt werden können, sondern er darf auch nicht durch eine solche bestätigt werden können.

6.1223 Nun wird klar, warum man oft fühlte, als wären die »logischen Wahrheiten« von uns zu »*fordern*«: Wir können sie nämlich insofern fordern, als wir eine genügende Notation fordern können.

6.1224 Es wird jetzt auch klar, warum die Logik die Lehre von den Formen und vom Schließen genannt wurde.

6.123 Es ist klar: Die logischen Gesetze dürfen nicht selbst wieder logischen Gesetzen unterstehen.

(Es gibt nicht, wie Russell meinte, für jede »Type« ein eigenes Gesetz des Widerspruchs, sondern Eines genügt, da es auf sich selbst nicht angewendet wird.)

6.1231 Das Anzeichen des logischen Satzes ist *nicht* die Allgemeingültigkeit.

Allgemein sein, heißt ja nur: zufälligerweise für alle Dinge gelten.

Ein unverallgemeinerter Satz kann ja ebensowohl tautologisch sein, als ein verallgemeinerter.

6.1232 Die logische Allgemeingültigkeit könnte man wesentlich nennen, im Gegensatz zu jener zufälligen, etwa des Satzes »alle Menschen sind sterblich«. Sätze wie Russells »Axiom of reducibility« sind nicht logische Sätze, und dies erklärt unser Gefühl: daß sie, wenn wahr, so doch nur durch einen günstigen Zufall wahr sein könnten.

6.1233 Es läßt sich eine Welt denken, in der das Axiom of reducibility nicht gilt. Es ist aber klar, daß die Logik nichts mit der Frage zu schaffen hat, ob unsere Welt wirklich so ist oder nicht.

6.124 Die logischen Sätze beschreiben das Gerüst der Welt, oder vielmehr, sie stellen es dar. Sie »handeln« von nichts. Sie setzen voraus, daß Namen Bedeutung und Elementarsätze Sinn haben: und dies ist ihre Verbindung mit der Welt. Es ist klar, daß es etwas über die Welt anzeigen muß, daß gewisse Verbindungen von Symbolen – welche wesentlich einen bestimmten Charakter haben – Tautologien sind. Hierin liegt das Entscheidende. Wir sagten, manches an den Symbolen, die wir gebrauchen, wäre willkürlich, manches nicht. In der Logik drückt nur dieses aus; das heißt aber, in der Logik drücken nicht *wir* mit Hilfe der Zeichen aus, was wir wollen, sondern in der Logik sagt die Natur der naturnotwendigen Zeichen selbst aus. Wenn wir die logische Syntax irgend einer Zeichensprache kennen, dann sind bereits alle Sätze der Logik gegeben.

6.125 Es ist möglich, und zwar auch nach der alten Auffassung der Logik, von vornherein eine Beschreibung aller »wahren« logischen Sätze zu geben.

6.1251 Darum kann es in der Logik auch *nie* Überraschungen geben.

6.126 Ob ein Satz der Logik angehört, kann man berechnen, indem man die logischen Eigenschaften des *Symbols* berechnet.

Und dies tun wir, wenn wir einen logischen Satz »beweisen«. Denn, ohne uns um einen Sinn und eine Bedeutung zu kümmern, bilden wir den logischen Satz aus anderen nach bloßen *Zeichenregeln*.

Der Beweis der logischen Sätze besteht darin, daß wir sie aus anderen logischen Sätzen durch sukzessive Anwendung gewisser Operationen entstehen lassen, die aus den ersten immer wieder Tautologien erzeugen. (Und zwar *folgen* aus einer Tautologie nur Tautologien.)

Natürlich ist diese Art zu zeigen, daß ihre Sätze Tautologien sind, der Logik durchaus unwesentlich. Schon darum, weil die Sätze, von welchen der Beweis ausgeht, ja ohne Beweis zeigen müssen, daß sie Tautologien sind.

6.1261 In der Logik sind Prozeß und Resultat äquivalent. (Darum keine Überraschungen.)

6.1262 Der Beweis in der Logik ist nur ein mechanisches Hilfsmittel zum leichteren Erkennen der Tautologie, wo sie kompliziert ist.

6.1263 Es wäre ja auch zu merkwürdig, wenn man einen sinnvollen Satz *logisch* aus anderen beweisen könnte, und einen logischen Satz *auch*. Es ist von vornherein klar, daß der logische Beweis eines sinnvollen Satzes und der Beweis *in* der Logik zwei ganz verschiedene Dinge sein müssen.

6.1264 Der sinnvolle Satz sagt etwas aus, und sein Beweis zeigt, daß es so ist; in der Logik ist jeder Satz die Form eines Beweises.

Jeder Satz der Logik ist ein in Zeichen dargestellter Modus ponens. (Und den Modus ponens kann man nicht durch einen Satz ausdrücken.)

6.1265 Immer kann man die Logik so auffassen, daß jeder Satz sein eigener Beweis ist.

6.127 Alle Sätze der Logik sind gleichberechtigt, es gibt unter ihnen nicht wesentlich Grundgesetze und abgeleitete Sätze.

Jede Tautologie zeigt selbst, daß sie eine Tautologie ist.

6.1271 Es ist klar, daß die Anzahl der »logischen Grundgesetze« willkürlich ist, denn man könnte die Logik ja aus Einem Grundgesetz ableiten, indem man einfach z. B. aus Freges Grundgesetzen das logische Produkt bildet.

(Frege würde vielleicht sagen, daß dieses Grundgesetz nun nicht mehr unmittelbar einleuchte. Aber es ist merkwürdig, daß ein so exakter Denker wie Frege sich auf den Grad des Einleuchtens als Kriterium des logischen Satzes berufen hat.)

6.13 Die Logik ist keine Lehre, sondern ein Spiegelbild der Welt.

Die Logik ist transzendental.

6.2 Die Mathematik ist eine logische Methode.

Die Sätze der Mathematik sind Gleichungen, also Scheinsätze.

6.21 Der Satz der Mathematik drückt keinen Gedanken aus.

6.211 Im Leben ist es ja nie der mathematische Satz, den wir brauchen, sondern wir benützen den mathematischen Satz *nur*, um aus Sätzen, welche nicht der Mathematik angehören, auf andere zu schließen, welche gleichfalls nicht der Mathematik angehören.

(In der Philosophie führt die Frage »wozu gebrauchen wir eigentlich jenes Wort, jenen Satz« immer wieder zu wertvollen Einsichten.)

6.22 Die Logik der Welt, die die Sätze der Logik in den Tautologien zeigen, zeigt die Mathematik in den Gleichungen.

6.23 Wenn zwei Ausdrücke durch das Gleichheitszeichen verbunden werden, so heißt das, sie sind durch einander ersetzbar. Ob dies aber der Fall ist, muß sich an den beiden Ausdrücken selbst zeigen.

Es charakterisiert die logische Form zweier Ausdrücke, daß sie durch einander ersetzbar sind.

6.231 Es ist eine Eigenschaft der Bejahung, daß man sie als doppelte Verneinung auffassen kann.

Es ist eine Eigenschaft von »1+1+1+1«, daß man es als »(1+1)+(1+1)« auffassen kann.

6.232 Frege sagt, die beiden Ausdrücke haben dieselbe Bedeutung, aber verschiedenen Sinn.

Das Wesentliche an der Gleichung ist aber, daß sie nicht notwendig ist, um zu zeigen, daß die beiden Ausdrücke, die das Gleichheitszeichen verbindet, dieselbe Bedeutung haben, da sich dies aus den beiden Ausdrücken selbst ersehen läßt.

6.2321 Und, daß die Sätze der Mathematik bewiesen werden können, heißt ja nichts anderes, als daß ihre Richtigkeit einzusehen ist, ohne daß das, was sie ausdrücken, selbst mit den Tatsachen auf seine Richtigkeit hin verglichen werden muß.

6.2322 Die Identität der Bedeutung zweier Ausdrücke läßt sich nicht *behaupten*. Denn um etwas von ihrer Bedeutung behaupten zu können, muß ich ihre Bedeutung kennen; und indem ich ihre Bedeutung kenne, weiß ich, ob sie dasselbe oder verschiedenes bedeuten.

6.2323 Die Gleichung kennzeichnet nur den Standpunkt, von welchem ich die beiden Ausdrücke betrachte, nämlich vom Standpunkte ihrer Bedeutungsgleichheit.

6.233 Die Frage, ob man zur Lösung der mathematischen Probleme die Anschauung brauche, muß dahin beantwortet werden, daß eben die Sprache hier die nötige Anschauung liefert.

6.2331 Der Vorgang des *Rechnens* vermittelt eben diese Anschauung.

Die Rechnung ist kein Experiment.

6.234 Die Mathematik ist eine Methode der Logik.

6.2341 Das Wesentliche der mathematischen Methode ist es, mit Gleichungen zu arbeiten. Auf dieser Methode beruht es nämlich, daß jeder Satz der Mathematik sich von selbst verstehen muß.

6.24 Die Methode der Mathematik, zu ihren Gleichungen zu kommen, ist die Substitutionsmethode.

Denn die Gleichungen drücken die Ersetzbarkeit zweier Ausdrücke aus und wir schreiten von einer Anzahl von Gleichungen zu neuen Gleichungen vor, indem wir, den Gleichungen entsprechend, die einen Ausdrücke durch andere ersetzen.

6.241 So lautet der Beweis des Satzes 2×2 = 4:

$$(\Omega^{\nu})^{\mu}{}'x = \Omega^{\nu\times\mu}{}'x \quad \text{Def.}$$

$$\Omega^{2\times2}{}'x = (\Omega^{2})^{2}{}'x = (\Omega^{2})^{1+1}{}'x = \Omega^{2}{}'\Omega^{2}{}'x$$

$$= \Omega^{1+1}{}'\Omega^{1+1}{}'x = (\Omega'\Omega)'(\Omega'\Omega)'x$$

$$= \Omega'\Omega'\Omega'\Omega'x = \Omega^{1+1+1+1}{}'x = \Omega^{4}{}'x$$

6.3 Die Erforschung der Logik bedeutet die Erforschung *aller Gesetzmäßigkeit*. Und außerhalb der Logik ist alles Zufall.

6.31 Das sogenannte Gesetz der Induktion kann jedenfalls kein logisches Gesetz sein, denn es ist offenbar ein sinnvoller Satz. – Und darum kann es auch kein Gesetz a priori sein.

6.32 Das Kausalitätsgesetz ist kein Gesetz, sondern die Form eines Gesetzes.

6.321 »Kausalitätsgesetz«, das ist ein Gattungsname. Und wie es in der Mechanik, sagen wir, Minimum-Gesetze gibt – etwa der kleinsten Wirkung –, so gibt es in der Physik Kausalitätsgesetze, Gesetze von der Kausalitätsform.

6.3211 Man hat ja auch davon eine Ahnung gehabt, daß es *ein* »Gesetz der kleinsten Wirkung« geben müsse, ehe man genau wußte, wie es lautete. (Hier, wie immer, stellt sich das a priori Gewisse als etwas rein Logisches heraus.)

6.33 Wir *glauben* nicht a priori an ein Erhaltungsgesetz, sondern wir *wissen* a priori die Möglichkeit einer logischen Form.

6.34 Alle jene Sätze, wie der Satz vom Grunde, von der Kontinuität in der Natur, vom kleinsten Aufwande in der Natur, etc. etc., alle diese sind Einsichten a priori über die mögliche Formgebung der Sätze der Wissenschaft.

6.341 Die Newtonsche Mechanik z. B. bringt die Weltbeschreibung auf eine einheitliche Form. Denken wir uns eine weiße Fläche, auf der unregelmäßige schwarze Flecken wären. Wir sagen nun: Was für ein Bild immer hierdurch entsteht, immer kann ich seiner Beschreibung beliebig nahe kommen, indem ich die Fläche mit einem entsprechend feinen quadratischen Netzwerk bedecke und nun von jedem Quadrat sage, daß es weiß oder schwarz ist. Ich werde auf diese Weise die Beschreibung der Fläche auf eine einheitliche Form gebracht haben. Diese Form ist beliebig, denn ich hätte mit dem gleichen Erfolge ein Netz aus dreieckigen oder sechseckigen Maschen verwenden können. Es kann sein, daß die Beschreibung mit Hilfe eines Dreiecks-Netzes einfacher geworden wäre; das heißt, daß wir die Fläche mit einem gröberen Dreiecks-Netz genauer beschreiben könnten, als mit einem feineren quadratischen (oder umgekehrt), u. s. w.. Den verschiedenen Netzen entsprechen verschiedene Systeme der Weltbeschreibung. Die Mechanik bestimmt eine Form der Weltbeschreibung, indem sie sagt: Alle Sätze der Weltbeschreibung müssen aus einer Anzahl gegebener Sätze – den mechanischen Axiomen – auf eine gegebene Art und Weise erhalten werden. Hierdurch liefert sie die Bausteine zum Bau des wissenschaftlichen Gebäudes und sagt: Welches Gebäude immer du aufführen willst, jedes mußt du irgendwie mit diesen und nur diesen Bausteinen zusammenbringen.

(Wie man mit dem Zahlensystem jede beliebige

Anzahl, so muß man mit dem System der Mechanik jeden beliebigen Satz der Physik hinschreiben können.)

6.342 Und nun sehen wir die gegenseitige Stellung von Logik und Mechanik. (Man könnte das Netz auch aus verschiedenartigen Figuren etwa aus Dreiecken und Sechsecken bestehen lassen.) Daß sich ein Bild, wie das vorhin erwähnte, durch ein Netz von gegebener Form beschreiben läßt, sagt über das Bild *nichts* aus. (Denn dies gilt für jedes Bild dieser Art.) *Das* aber charakterisiert das Bild, daß es sich durch ein bestimmtes Netz von *bestimmter* Feinheit *vollständig* beschreiben läßt.

So auch sagt es nichts über die Welt aus, daß sie sich durch die Newtonsche Mechanik beschreiben läßt; wohl aber, daß sie sich *so* durch jene beschreiben läßt, wie dies eben der Fall ist. Auch das sagt etwas über die Welt, daß sie sich durch die eine Mechanik einfacher beschreiben läßt, als durch die andere.

6.343 Die Mechanik ist ein Versuch, alle *wahren* Sätze, die wir zur Weltbeschreibung brauchen, nach Einem Plane zu konstruieren.

6.3431 Durch den ganzen logischen Apparat hindurch sprechen die physikalischen Gesetze doch von den Gegenständen der Welt

6.3432 Wir dürfen nicht vergessen, daß die Weltbeschreibung durch die Mechanik immer die ganz allgemeine ist. Es ist in ihr z. B. nie von *bestimmten* materiellen Punkten die Rede, sondern immer nur von *irgend welchen.*

6.35 Obwohl die Flecke in unserem Bild geometrische Figuren sind, so kann doch selbstverständlich die Geometrie gar nichts über ihre tatsächliche Form und Lage sagen. Das Netz aber ist *rein* geometrisch, alle seine Eigenschaften können a priori angegeben werden.

Gesetze, wie der Satz vom Grunde, etc., handeln vom Netz, nicht von dem, was das Netz beschreibt.

6.36 Wenn es ein Kausalitätsgesetz gäbe, so könnte es lauten: »Es gibt Naturgesetze«.

Aber freilich kann man das nicht sagen; es zeigt sich.

6.361 In der Ausdrucksweise Hertz' könnte man sagen: Nur *gesetzmäßige* Zusammenhänge sind *denkbar*.

6.3611 Wir können keinen Vorgang mit dem »Ablauf der Zeit« vergleichen – diesen gibt es nicht –, sondern nur mit einem anderen Vorgang (etwa mit dem Gang des Chronometers).

Daher ist die Beschreibung des zeitlichen Verlaufs nur so möglich, daß wir uns auf einen anderen Vorgang stützen.

Ganz Analoges gilt für den Raum. Wo man z. B. sagt, es könne keines von zwei Ereignissen (die sich gegenseitig ausschließen) eintreten, weil *keine Ursache* vorhanden sei, warum das eine eher als das andere eintreten solle, da handelt es sich in Wirklichkeit darum, daß man gar nicht *eines* der beiden Ereignisse beschreiben kann, wenn nicht irgend eine Asymmetrie vorhanden ist. Und *wenn* eine solche Asymmetrie vorhanden *ist*, so können wir diese als *Ursache* des Eintreffens des einen und Nicht-Eintreffens des anderen auffassen.

6.36111 Das Kantsche Problem von der rechten und linken Hand, die man nicht zur Deckung bringen kann, besteht schon in der Ebene, ja im eindimensionalen Raum, wo die beiden kongruenten Figuren a und b auch nicht zur Deckung gebracht werden können, ohne aus diesem Raum herausbewegt zu werden.

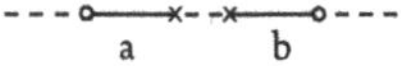

Rechte und linke Hand sind tatsächlich vollkommen kongruent. Und daß man sie nicht zur Deckung bringen kann, hat damit nichts zu tun.

Den rechten Handschuh könnte man an die linke Hand ziehen, wenn man ihn im vierdimensionalen Raum umdrehen könnte.

6.362 Was sich beschreiben läßt, das kann auch geschehen, und was das Kausalitätsgesetz ausschließen soll, das läßt sich auch nicht beschreiben.

6.363 Der Vorgang der Induktion besteht darin, daß wir das *einfachste* Gesetz annehmen, das mit unseren Erfahrungen in Einklang zu bringen ist.

6.3631 Dieser Vorgang hat aber keine logische, sondern nur eine psychologische Begründung.

Es ist klar, daß kein Grund vorhanden ist, zu glauben, es werde nun auch wirklich der einfachste Fall eintreten.

6.36311 Daß die Sonne morgen aufgehen wird, ist eine Hypothese; und das heißt: Wir *wissen* nicht, ob sie aufgehen wird.

6.37 Einen Zwang, nach dem Eines geschehen müßte, weil etwas anderes geschehen ist, gibt es nicht. Es gibt nur eine *logische* Notwendigkeit.

6.371 Der ganzen modernen Weltanschauung liegt die Täuschung zugrunde, daß die sogenannten Naturgesetze die Erklärungen der Naturerscheinungen seien.

6.372 So bleiben sie bei den Naturgesetzen als bei etwas Unantastbarem stehen, wie die Älteren bei Gott und dem Schicksal.

Und sie haben ja beide Recht, und Unrecht. Die Alten sind allerdings insofern klarer, als sie einen klaren Abschluß anerkennen, während es bei dem neuen System scheinen soll, als sei *alles* erklärt.

6.373 Die Welt ist unabhängig von meinem Willen.

6.374 Auch wenn alles, was wir wünschen, geschähe, so wäre dies doch nur, sozusagen, eine Gnade des Schicksals, denn es ist kein *logischer* Zusammenhang zwischen Willen und Welt, der dies verbürgte, und den angenommenen physikalischen Zusammenhang können wir doch nicht selbst wieder wollen.

6.375 Wie es nur eine *logische* Notwendigkeit gibt, so gibt es auch nur eine *logische* Unmöglichkeit.

6.3751 Daß z.B. zwei Farben zugleich an einem Ort des Gesichtsfeldes sind, ist unmöglich und zwar logisch unmöglich, denn es ist durch die logische Struktur der Farbe ausgeschlossen.

Denken wir daran, wie sich dieser Widerspruch in der Physik darstellt: Ungefähr so, daß ein Teilchen nicht zu gleicher Zeit zwei Geschwindigkeiten haben kann; das heißt, daß es nicht zu gleicher Zeit an zwei Orten sein kann; das heißt, daß Teilchen an verschiedenen Orten zu Einer Zeit nicht identisch sein können.

(Es ist klar, daß das logische Produkt zweier Elementarsätze weder eine Tautologie noch eine Kontradiktion sein kann. Die Aussage, daß ein Punkt des Gesichtsfeldes zu gleicher Zeit zwei verschiedene Farben hat, ist eine Kontradiktion.)

6.4 Alle Sätze sind gleichwertig.

6.41 Der Sinn der Welt muß außerhalb ihrer liegen. In der Welt ist alles wie es ist, und geschieht alles wie es geschieht; es gibt *in* ihr keinen Wert – und wenn es ihn gäbe, so hätte er keinen Wert.

Wenn es einen Wert gibt, der Wert hat, so muß er außerhalb alles Geschehens und So-Seins liegen. Denn alles Geschehen und So-Sein ist zufällig.

Was es nicht-zufällig macht, kann nicht *in* der Welt liegen, denn sonst wäre dies wieder zufällig.

Es muß außerhalb der Welt liegen.

6.42 Darum kann es auch keine Sätze der Ethik geben.

Sätze können nichts Höheres ausdrücken.

6.421 Es ist klar, daß sich die Ethik nicht aussprechen läßt.

Die Ethik ist transzendental.

(Ethik und Ästhetik sind Eins.)

6.422 Der erste Gedanke bei der Aufstellung eines ethischen Gesetzes von der Form »du sollst …« ist: Und was dann, wenn ich es nicht tue? Es ist aber klar, daß die Ethik nichts mit Strafe und Lohn im gewöhnlichen Sinne zu tun hat. Also muß diese Frage nach den *Folgen* einer Handlung belanglos sein. – Zum Mindesten dürfen diese Folgen nicht Ereignisse sein. Denn etwas muß doch an jener Fragestellung richtig sein. Es muß zwar eine Art von ethischem Lohn und ethischer Strafe geben, aber diese müssen in der Handlung selbst liegen.

(Und das ist auch klar, daß der Lohn etwas Angenehmes, die Strafe etwas Unangenehmes sein muß.)

6.423 Vom Willen als dem Träger des Ethischen kann nicht gesprochen werden.

Und der Wille als Phänomen interessiert nur die Psychologie.

6.43 Wenn das gute oder böse Wollen die Welt ändert, so kann es nur die Grenzen der Welt ändern, nicht die Tatsachen; nicht das, was durch die Sprache ausgedrückt werden kann.

Kurz, die Welt muß dann dadurch überhaupt eine andere werden. Sie muß sozusagen als Ganzes abnehmen oder zunehmen.

Die Welt des Glücklichen ist eine andere, als die des Unglücklichen.

6.431 Wie auch beim Tod die Welt sich nicht ändert, sondern aufhört.

6.4311 Der Tod ist kein Ereignis des Lebens. Den Tod erlebt man nicht.

Wenn man unter Ewigkeit nicht unendliche Zeitdauer, sondern Unzeitlichkeit versteht, dann lebt der ewig, der in der Gegenwart lebt.

Unser Leben ist ebenso endlos, wie unser Gesichtsfeld grenzenlos ist.

6.4312 Die zeitliche Unsterblichkeit der Seele des Menschen, das heißt also ihr ewiges Fortleben auch nach dem Tode, ist nicht nur auf keine Weise verbürgt, sondern vor allem leistet diese Annahme gar nicht das, was man immer mit ihr erreichen wollte. Wird denn dadurch ein Rätsel gelöst, daß ich ewig fortlebe? Ist denn dieses ewige Leben dann nicht ebenso rätselhaft wie das gegenwärtige? Die Lösung des Rätsels des Lebens in Raum und Zeit liegt *außerhalb* von Raum und Zeit. (Nicht Probleme der Naturwissenschaft sind ja zu lösen.)

6.432 *Wie* die Welt ist, ist für das Höhere vollkommen gleichgültig. Gott offenbart sich nicht *in* der Welt.

6.4321 Die Tatsachen gehören alle nur zur Aufgabe, nicht zur Lösung.

6.44 Nicht *wie* die Welt ist, ist das Mystische, sondern *daß* sie ist.

6.45 Die Anschauung der Welt sub specie aeterni ist ihre Anschauung als – begrenztes – *Ganzes*.

Das Gefühl der Welt als begrenztes Ganzes ist das mystische.

6.5 Zu einer Antwort, die man nicht aussprechen kann, kann man auch die Frage nicht aussprechen.

Das Rätsel gibt es nicht.

Wenn sich eine Frage überhaupt stellen läßt, so *kann* sie auch beantwortet werden.

6.51 Skeptizismus ist *nicht* unwiderleglich, sondern offenbar unsinnig, wenn er bezweifeln will, wo nicht gefragt werden kann.

Denn Zweifel kann nur bestehen, wo eine Frage besteht; eine Frage nur, wo eine Antwort besteht, und diese nur, wo etwas *gesagt* werden *kann*.

6.52 Wir fühlen, daß selbst, wenn alle *möglichen* wissenschaftlichen Fragen beantwortet sind, unsere Lebensprobleme noch gar nicht berührt sind. Freilich bleibt dann eben keine Frage mehr; und eben dies ist die Antwort.

6.521 Die Lösung des Problems des Lebens merkt man am Verschwinden dieses Problems.

(Ist nicht dies der Grund, warum Menschen, denen der Sinn des Lebens nach langen Zweifeln klar wurde, warum diese dann nicht sagen konnten, worin dieser Sinn bestand.)

6.522 Es gibt allerdings Unaussprechliches. Dies *zeigt* sich, es ist das Mystische.

6.53 Die richtige Methode der Philosophie wäre eigentlich die: Nichts zu sagen, als was sich sagen läßt, also Sätze der Naturwissenschaft – also etwas, was mit Philosophie nichts zu tun hat –, und dann immer, wenn ein anderer etwas Metaphysisches sagen wollte, ihm nachzuweisen, daß er gewissen Zeichen in seinen Sätzen keine Bedeutung gegeben hat.

Diese Methode wäre für den anderen unbefriedigend – er hätte nicht das Gefühl, daß wir ihn Philosophie lehrten – aber *sie* wäre die einzig streng richtige.

6.54 Meine Sätze erläutern dadurch, daß sie der, welcher mich versteht, am Ende als unsinnig erkennt, wenn er durch sie – auf ihnen – über sie hinausgestiegen ist. (Er muß sozusagen die Leiter wegwerfen, nachdem er auf ihr hinaufgestiegen ist.)

Er muß diese Sätze überwinden, dann sieht er die Welt richtig.

7 Wovon man nicht sprechen kann, darüber muß man schweigen.

Zu dieser Ausgabe

Der Text beruht auf der kritischen Ausgabe:

> Ludwig Wittgenstein: Logisch-Philosophische Abhandlung. Tractatus Logico-Philosophicus. Krit. Ausg. Hrsg. und komm. von Wolfgang Kienzler. Stuttgart: Reclam, 2022.

Mit dieser wird erstmals eine Textgestalt vorgelegt, die unter Heranziehung sämtlicher erhaltener Vorstufen und Dokumente (also der Manuskripte, Typoskripte, Druckfahnen sowie handschriftlicher Korrekturen in diesen) wo immer möglich Wittgensteins Intentionen identifiziert und in einem Apparat detailliert belegt. Damit wird die *Logisch-Philosophische Abhandlung* in Wortlaut, Layout, Zeichensetzung, Gliederung nach Absätzen, Rechtschreibung und Formelsatz in einer Form präsentiert, die in all diesen Hinsichten Wittgensteins Vorstellungen näher kommt als jede andere Ausgabe des Textes bisher. Textänderungen, die in der Vielzahl der Fälle jeweils ein Wort betreffen, finden sich in: 2.21, 3.01, 3.315, 3.333, 3.3411, 3.3441, 4.0411, 4.063, 4.0641, 4.126, 4.1273, 4.2211, 4.242, 4.26, 4.27, 4.463, 5.131, 5.143, 5.513, 5.515, 5.634, 6.002, 6.1201, 6.1261, 6.24.

Wittgenstein verwendet die logischen Symbole aus *Principia Mathematica,* von denen einige heute nicht mehr gebräuchlich sind. Die meisten logischen Symbole werden in 4.442, 5.101, 5.1311 und 5.51 erklärt. Hier eine kurze Übersicht:

p.q	p∧q	p und q (»Logisches Produkt«)
pvq	pvq	p oder q (»Logische Summe«)
p⊃q	p→q	Wenn p, so q
(x).fx	∀xf(x)	Alle x sind f (»Allgemeinheitsbezeichnung«, Allquantor)

$(\exists x).fx$	$\exists x f(x)$	Es gibt ein x, welches f ist (Existenzquantor)
$p \supset q . p : \supset : q$	$[(p \rightarrow q) \wedge p] \rightarrow q$	Aus $p \rightarrow q$ und p folgt q (Modus ponens, vgl. 6.1221)
$p . \sim q : v : q . \sim p$	$(p \wedge \neg q) \vee (q \wedge \neg p)$	(p und nicht q) oder (q und nicht p)

Doppelpunkte haben die Funktion von Klammern.

Die lateinischen Zitate aus 5.4541 und 6.45 kann man so übersetzen:

S. 65 »Simplex sigillum veri«: »Einfachheit ist das Kennzeichen des Wahren« (verbreitete Redewendung, von Schopenhauer öfter verwendet).

S. 101 »sub specie aeterni«: »unter dem Blickwinkel der Ewigkeit« (d. h. absolut, aus der Perspektive Gottes gesehen; von Spinoza geprägte Wendung).

Nachwort

Wittgensteins *Logisch-Philosophische Abhandlung* wurde berühmt unter dem Titel der zweisprachigen Ausgabe *Tractatus Logico-Philosophicus* (oder kürzer: *Tractatus*). Sie ist formal und inhaltlich gesehen sowie in ihrer Wirkung innerhalb der Geschichte der Philosophie einzigartig.

Formal besteht das schmale Buch aus einer Reihe von kurzen, prägnant formulierten Absätzen von oft nur einem einzigen Satz. Einige der Formulierungen sind zu geflügelten Worten geworden, vor allem der erste und der letzte Satz: »Die Welt ist alles, was der Fall ist« und »Wovon man nicht sprechen kann, darüber muss man schweigen«. Der knappe Stil wirkt dogmatisch, da kaum Begründungen für die Behauptungen gegeben werden. Außerdem werden auf engem Raum zahlreiche Themen angesprochen, so dass das Buch vielfach als eine Sammlung von Aphorismen oder dunklen Aussprüchen aufgefasst worden ist.

Andererseits behandelt der größere Teil des Textes logische Fragen unter Verwendung von Formeln, Wahrheitstafeln und speziellen Notationen. Zudem sind die einzelnen Absätze durch eine Dezimalnummerierung so geordnet, dass für jeden Satz das jeweilige »logische Gewicht« und der systematische Ort exakt angegeben wird. Das Buch nimmt dadurch das Aussehen eines präzise strukturierten Systems von Überschriften an, fast wie ein gegliedertes Inhaltsverzeichnis zu einem Werk, das nur entworfen, aber nicht ausgeführt wurde.

Wittgensteins inhaltliche Überlegungen wurden zunächst von Arbeiten zur modernen Logik inspiriert, wie sie

Gottlob Frege (1848–1925) und Bertrand Russell (1872–1970) vorlegten. Mit beiden diskutierte er seine Gedanken auch im persönlichen Gespräch, und auf sie wird im Text am häufigsten verwiesen. Dennoch kann man das Werk systematisch am ehesten mit Immanuel Kants (1724–1804) *Kritik der reinen Vernunft* vergleichen: Ausgehend von Gedanken Freges und Russells zur Logik entwickelte Wittgenstein nämlich einen umfassenden philosophischen Gesamtentwurf. Wie Kant bietet er eine vollständige Neubegründung der Philosophie an und beansprucht, »die philosophischen Fragen« endgültig und definitiv gelöst zu haben. Er zieht, wie vor ihm Kant, eine Grenze zwischen dem, was sinnvoll gedacht und gesagt werden kann, und dem, was jenseits dieser Grenze liegt.

Für Kant lag jenseits der Grenze immerhin ein irreführender Schein leerlaufender Anwendungen der Vernunft, der zu scheinbaren metaphysischen Erkenntnissen führt und als Schein aufgedeckt werden muss – für Wittgenstein liegt jenseits dieser Grenze »einfach Unsinn«. Für Kant nimmt die Philosophie nach der Kritik aller dogmatischen Metaphysik die Form der Transzendentalphilosophie an: Sie besteht in der Aufgabe, die Bedingungen der Möglichkeit von Erfahrung in »synthetischen Sätzen a priori« zu formulieren, also in Behauptungen, die sinnvoll und erkenntniserweiternd, aber ohne Rückgriff auf die Erfahrung sind. Für Wittgenstein ist diese Konzeption jedoch selbst eine Illusion, weil Kant rein formale Anforderungen, die wir an Sätze der Wissenschaft stellen, mit gehaltvollen Aussagen verwechselt: So ist für ihn etwa das Prinzip der Kausalität kein synthetischer Satz a priori, der zumindest für den Bereich der Erfahrung objektiv gilt, sondern nur eine von mehreren logisch möglichen Weisen, unsere Erfahrung zu ordnen und zu formulieren.

Nach Wittgenstein kann die Gestalt der Philosophie also weder metaphysisch noch transzendental sein, sondern sie muss rein logisch ausfallen. Ihre Aufgabe liegt einzig darin, die logische Form unserer Aussagen, die »Logik unserer Sprache«, aufzuklären.

Zwei Forderungen muss dabei Genüge getan werden: Alle Sätze müssen aus Elementen gebildet werden, die wir schon erfahrungsunabhängig zur Verfügung haben; und Sätze müssen verstanden werden können, ohne dass wir schon vorher wissen, ob sie wahr sind. Sätze müssen also aus einfachen Namen gebildet werden, die wir dann zu komplexen Bildern der Wirklichkeit zusammensetzen.

Um diese Forderungen zu erfüllen, entwickelte Wittgenstein den logischen Atomismus der Namen und Gegenstände und die Bildtheorie des Satzes. Sätze müssen wie ein Bild ihren Sinn zeigen, und erst dann kann dieser Sinn mit der Wirklichkeit verglichen werden; ihr Sinn bestimmt die Art ihrer Verifikation oder Falsifikation (auch falsche Sätze müssen Sinn haben). Die einfachsten Sätze, die Elementarsätze, kann man zu komplexen Sätzen verbinden, indem man die Wahrheitsbedingungen der komplexen Sätze bezüglich der in ihnen enthaltenen Elementarsätze festlegt. Um die jeweiligen Wahrheitsbedingungen übersichtlich darzustellen, verwendet Wittgenstein die von ihm selbst eingeführten Wahrheitstafeln. Zusätzlich gibt er die Form aller überhaupt möglichen Wahrheitsbedingungen für Sätze an, das heißt die allgemeine Form des Satzes. Da aber jede Beschreibung der Wirklichkeit, und somit alles Aussagen und Denken, nach Wittgenstein in Sätzen geschehen muss, ist dies zugleich die allgemeine Form der Welt. Wittgenstein versteht dies aber nicht als metaphysische Behauptung, die er als Theoretiker aufstellt; denn diese Einsicht kann nicht *gesagt* werden, sondern sie muss sich *zeigen*.

Sinnvolle Sätze sagen etwas über die Wirklichkeit. Dazu verwenden sie eine logische Form, die sich in ihnen zeigt, die aber selbst nicht ausgesagt werden kann: Zwei Sätze, etwa f(a) und g(a), sagen etwas über einen Gegenstand a (nämlich, dass er die Eigenschaft f bzw. g hat), und sie zeigen aufgrund ihrer Form (nämlich durch die Verwendung des Buchstabens a), dass sie etwas von demselben Gegenstand aussagen. Die Sätze p und nicht-p sagen entsprechend Gegenteiliges, und sie zeigen aufgrund ihrer Form, dass sie einander widersprechen. Alles philosophisch Wesentliche ist somit von logischer Art, und alles Logische betrifft die Form des Sagens; diese Form wiederum kann selbst nicht gesagt, sondern nur gezeigt werden.

So sind etwa die Sätze der Logik allein aufgrund ihrer Form wahr, selbst wenn in ihnen sinnvolle Sätze als Teile vorkommen. »Es regnet oder es regnet nicht« ist aufgrund seiner Form (»p oder nicht-p«) wahr, es ist eine »Tautologie«. Mit diesem Wort und dieser Konzeption hat Wittgenstein die Philosophie der Logik revolutioniert: Die Sätze der Logik können sehr wohl Inhalte enthalten, aber diese Inhalte kürzen sich heraus; und daher sind logisch wahre Sätze uninformativ, sie sagen nichts.

Auch die Mathematik hat einen rein formalen Charakter, sie ist eine Ersetzungsmethode, die Gleichungen verwendet: Die Korrektheit der Ersetzung der Ausdrücke links und rechts des Gleichheitszeichens kann wieder nicht gesagt werden, sondern sie zeigt sich an den Ausdrücken selbst.

Die Naturgesetze sind entsprechend entweder bloße Zusammenfassungen einer Reihe einzelner Sätze, und als solche sind sie sinnvoll, jedoch nicht wirklich allgemein; oder sie sind wirklich allgemein, dann sind sie nur Darstellungsmittel ohne überprüfbaren Sinn, nämlich Formen, mit denen wir unsere Erfahrungen ordnen.

Wenn nur Bilder der Wirklichkeit sinnvolle Sätze sein können, dann kann es auch keine Sätze der Ethik geben, denn diese drücken nicht etwas aus, was ist oder sein kann, sondern etwas, was sein *soll.* Aber auch ein »Subjekt« der Erfahrung kann es nicht geben, weil das Subjekt gerade die Instanz ist, die sich Bilder der Wirklichkeit macht (mit Kant gesprochen ist es das »Ich, welches alle meine Erfahrungen begleitet«), und eben deswegen kann es selbst in keinem Bild der Wirklichkeit vorkommen. Das Subjekt der Erfahrung ist kein Teil der Welt, es kommt in der Welt nicht vor – sondern es ist eine Grenze der Welt. Obwohl die Ethik nicht in sinnvollen Sätzen formuliert werden kann, zeigt sich das Ethische im Verhältnis von Subjekt und Welt, also darin, dass die Welt, je nach der Haltung des Subjekts zu ihr, als Ganzes zu- oder abnimmt. Die Welt des glücklichen Subjekts (oder Menschen) ist dann eine andere als die des unglücklichen Menschen. Ähnlich wie für Kant ergibt sich als das eigentliche Ziel der Philosophie neben dem theoretischen Überblick über das, was gedacht und gesagt werden kann, die der theoretischen Vernunft nicht erreichbare, ethisch richtige Sicht auf die Welt. Dies ist aber wiederum etwas, was sich nur zeigen kann. Alle philosophischen Sätze, die uns den Weg dorthin weisen, müssen wir dann also, strenggenommen, als »unsinnig« hinter uns lassen. So endet der Weg auf natürliche Weise im Handeln und Schweigen.

Die Wirkung der *Abhandlung* war durchgreifend: Schon seit den 1920er Jahren entwickelte der Wiener Kreis um Moritz Schlick (1882–1936) und Rudolf Carnap (1891–1970) im Ausgang von der tautologischen Natur der Logik und der Kritik aller philosophischen Gehalte den »logischen Empirismus«, der dann die Form der neu entstehenden analytischen Philosophie weitgehend prägte. Diese positivistische Deutung verwarf die Rede vom »Zeigen« meist als einen vermeintlich metaphysischen Restbestand. Karl Popper (1902–1994) formte aus dem Verweis auf Verifikation und Falsifikation seinen »kritischen Rationalismus«, mit der Falsifizierbarkeit als Kriterium für die Wissenschaftlichkeit einer Theorie.

Neuere Diskussionen stellen gerade die paradox erscheinende Behauptung, dass wir die Sätze der *Abhandlung* als unsinnig erkennen müssen, wenn wir Wittgenstein verstehen wollen, ins Zentrum. Anhänger der von Cora Diamond (*1937) und James Conant (*1958) entwickelten »resoluten Lesart« unterbreiten verschiedene Vorschläge, wie man den Schluss des Buches ernst nehmen und mit dem dogmatisch klingenden Rest vereinbaren kann. Soll das Buch vielleicht die Illusion einer Theorie erzeugen, damit wir diese Illusion später durchschauen und daraus etwas lernen? Doch es scheint schwer anzugeben, welche Illusion einer Theorie das sein könnte, und was genau wir daraus lernen sollen.

Wenn die Aufgabe der Philosophie wesentlich mit der logischen Form von Sätzen zu tun hat, wenn diese Form jeweils nur anhand von Beispielen gezeigt, aber nicht direkt ausgesprochen werden kann, und wenn jedes philosophische Buch aber notgedrungen doch nur aus Sätzen bestehen kann (die, schon weil sie Sätze sind, immer auch etwas zu behaupten scheinen) – dann befinden wir uns in der Philosophie grundsätzlich in der Zwangslage, dass wir mit der Hilfe von Sätzen etwas vermitteln und deutlich machen wollen, was man anhand dieser Sätze sehen, also einsehen soll, ohne dass diese Einsichten die Form einer Behauptung oder einer philosophischen These annehmen können. In dieser Hinsicht besteht eine (von Wittgenstein gegen Ende des Textes angedeutete) Parallele zur Frage nach dem Sinn des Lebens, deren Beantwortung ebenfalls nicht in der Form von Sätzen geschehen kann. Die *Logisch-Philosophische Abhandlung* bleibt somit *der* Klassiker der philosophischen Moderne, der fast alle anderen Bücher alt aussehen lässt und immer wieder neue Herausforderungen an das eigene Nachdenken stellt.

Inhalt

Logisch-Philosophische Abhandlung 5

Zu dieser Ausgabe 103
Nachwort 105